FÉDÉRATION NATIONALE

des

Coopératives de Consommation

5ᵉ Congrès National

TENU A PARIS

les 22, 23 et 24 Septembre 1918

COMPTE RENDU

PRIX : 2 francs

Fédération Nationale des Coopératives de Consommation

13, Rue de l'Entrepôt, PARIS (Xᵉ)

1918

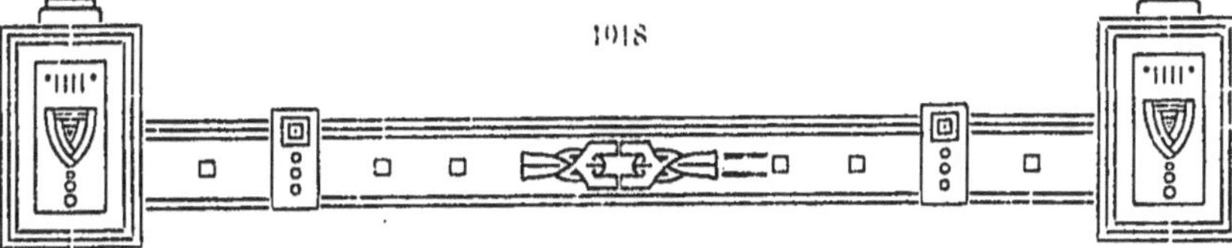

FÉDÉRATION NATIONALE

des

Coopératives de Consommation

5e CONGRÈS NATIONAL

PREMIÈRE SÉANCE DU 22 SEPTEMBRE 1918

La séance est ouverte à 10 heures.

POISSON. — Camarades, au nom du Conseil central de la Fédération, je déclare ouvert le 5e Congrès.

Pour constituer le bureau de cette première séance, le Conseil central vous propose, comme président, notre camarade Albert Thomas, secrétaire de notre Office Technique; comme assesseurs, le camarade Chiousse, secrétaire de la Fédération des Alpes, et le camarade Berland, secrétaire de la Fédération du Centre-Ouest.

Allocution du Président

A. THOMAS, *Président*. — Votre nombre atteste immédiatement la vitalité de notre mouvement coopératif, à l'heure même où s'ouvre ce 5e Congrès national.

Cinquième Congrès national : c'est la notation depuis que le mouvement coopératif a réalisé son unité, mais il est une autre notation qui surgit presque immédiatement à l'esprit : c'est le troisième Congrès du temps de guerre, et ce Congrès n'est pas encore celui où les coopérateurs, qui sont plus qualifiés que quiconque pour assurer aux hommes les douceurs de la paix, pourront saluer le rétablissement de la paix dans le monde.

Je crois exprimer la pensée de tous ceux qui sont ici en adressant, d'abord, notre salut aux camarades coopérateurs qui sont au front, à ceux qui combattent pour que l'heure de la paix soit le plus proche possible (*Applaudissements*), à ceux à qui vous donnez aujourd'hui, camarades, l'assurance que le jour où ils reviendront avec d'autres qui auront appris là-bas l'utilité et les bienfaits du mouvement coopératif, vous aurez assuré la possibilité d'un développement nouveau, vous aurez assuré la continuité et la grandeur de notre mouvement.

A cette heure, il est bon que nos camarades congressistes sachent que c'est au milieu de la sympathie de tous les coopérateurs des pays alliés que s'ouvrent leurs délibérations. Les Etats de l'Entente sentent aujourd'hui qu'il ne pourra y avoir de sécurité, peut-être même d'existence matérielle pour le monde, à l'heure de la paix et peut-être même pendant la fin de la guerre que s'il y a une forte organisation économique internationale, soit par l'organisation du Comité des sucres, du Comité des céréales, de tous les Comités internationaux. A Londres, à Washington, à Paris, les nations de l'Entente sentent que leur vie économique, leur existence matérielle ne peut être assurée que par le concours de tous, et c'est pour cela qu'en dehors même des coopérateurs, nous voulons l'association de tous les consommateurs du monde. Aujourd'hui l'association, la collaboration ou même la sympathie de tous ceux qui sont au loin, de tous les coopérateurs alliés est un gage de l'union qui doit s'établir entre tous et assurer dans la paix la certitude et la sécurité.

J'interromprai ici ces quelques mots pour donner la parole à nos camarades étrangers, et d'abord au délégué du puissant mouvement anglais, à notre camarade Saxton. (*Applaudissements.*)

Discours du Délégué anglais

SAXTON. — Chers camarades coopérateurs, c'est avec beaucoup de plaisir que je vous apporte les souhaits des coopérateurs britanniques. Nous avons été pour beaucoup d'années camarades pendant la paix et durant les quatre dernières années de guerre, nous avons été compagnons d'armes Nous regardons ensemble avec confiance notre cause de Liberté, d'Egalité et de Fraternité. Nous croyons avec vous que nous avons la Justice pour nous.

Quand le jour du triomphe arrivera — puisse-t-il être bientôt — nous regarderons plus loin l'avance de notre cause commune. C'est seulement par les progrès de la coopération que les calamités de la guerre cesseront de troubler le monde.

La coopération en Grande-Bretagne a fait des progrès extraordinaires durant cette guerre, en dépit de l'indifférence à son égard de notre gouvernement. Pendant une période considérable, nous avons, en qualité de défenseurs naturels et organisés des consommateurs, réclamé notre reconnaissance officielle. Nous avons dû prendre part aux luttes politiques, *comme coopérateurs*, afin d'avoir nos réprésentants aux Communes et dans les Assemblées régionales et communales. Depuis notre décision de participer aux luttes politiques, nous avons été mieux considérés par le gouvernement et nous avons de nombreux représentants dans les Commissions de ravitaillement — ce qui est à l'avantage de la Nation et des consommateurs.

Rencontrant l'opposition de grands syndicats commerciaux, nous avons été amenés avec beaucoup de succès à fusionner les petites sociétés locales dans de grandes Coopératives régionales.

En relevant le taux de l'intérêt servi au capital et en augmentant le nombre de parts souscrites par les coopérateurs en vue du développement d'après guerre, nous tendons à retirer de nos adhérents la totalité de tous nos besoins.

A la fin de 1917, la situation du mouvement coopératif en Grande-Bretagne était la suivante:

	1916	1917
Sociétés	1.481	1.478
Sociétaires	3.566.241	3.835.376
Capital	1.290.880.950	1.357.211.400
Capital emprunté....................	392.851.125	376.667.300
Réserves	196.758.275	230.432.350
Stocks de marchandises.............	576.227.025	657.501.950
Terre et bâtiments..................	492.036.130	496.546.425
Maisons de commerce	235.450.100	228.363.250
Autres valeurs	763.015.100	745.168.000
Valeur en marchandises.............	124.183.625	119.241.800
Employés des Coopératives..........	96.314	101.099
— à la production............	62.401	61.404
Salaires et gages des Coopératives....	157.280.125	180.255.975
— à la production............	113.671.850	121.915.350
Ventes	4.932.383.050	5.022.844.875
Bénéfices nets......................	481.250.525	454.865.000
Intérêts au capital.................	52.400.700	55.927.900
Participation aux bonis..............	2.561.975	2.581.675
Souscriptions à l'Education	3.108.925	3.064.900
— aux œuvres charitables..	2.924.575	2.265.975
— à l'Union coopérative....	435.900	470.575

Par les chiffres ci-dessus, nous atteignons, vous le voyez, une large part de la population.

Nous sommes entièrement satisfaits d'avoir si sagement administré et cela nous promet un brillant avenir.

Je dois encore vous souhaiter, de la part de vos frères d'Angleterre, un Congrès plein de succès. Puisse-t-il résulter de vos délibérations un grand bénéfice pour la coopération française.

Vive l'Entente cordiale coopérative!

Vive la France!

Discours du Délégué belge

LE PRÉSIDENT. — La parole est au camarade Paulsen, délégué belge. (*Applaudissements.*)

PAULSEN. — Chers camarades, c'est pour la troisième fois que je vais assister aux délibérations de vos Congrès, pour la troisième fois en exil, et chaque fois j'éprouve une émotion plus vive, un sentiment de regret plus amer en me reportant aux assises de notre mouvement coopératif belge. Ce sentiment est cependant diminué et je suis aujourd'hui, je dois le dire, largement consolé en constatant les progrès merveilleux que votre mouvement coopératif français a su accomplir au cours de la guerre.

Et ce qui sans doute vous sera agréable à entendre, c'est que nos coopérateurs belges, placés sous le talon de l'Allemagne, enfermés dans un réseau de restrictions, placés sous un despotisme étroit et tâtillon, sont cependant parvenus à faire de belles et de bonnes choses.

Souvenez-vous, pour comprendre quel a dû être l'effort de nos camarades coopérateurs, de la situation faite à nos amis du nord de la France, aussi éprouvés et souvent même plus éprouvés que les coopérateurs belges.

En Belgique, les coopérateurs se sont heurtés à toutes les difficultés. Difficultés de ravitaillement d'abord, saisie de leur matériel dans l'intérêt de l'armée allemande, saisie de toute la cavalerie, si importante dans certaines régions de Belgique, amendes, empêchements, entraves apportées aux réunions des coopérateurs des différentes régions. Les coopérateurs belges doivent se restreindre à une action commerciale très étroite, très locale, et, au-dessus de tout cela, les persécutions qui n'ont cessé de frapper et frappent durement les coopérateurs les plus dévoués et les plus actifs.

En vous disant cela, le nom de notre camarade Collot, sénateur socialiste de la province de Liège, me vient à l'esprit. C'est à lui que le mouvement coopératif liégeois doit le si grand développement qu'il a pris pendant la guerre. Eh bien, Collot, poursuivi, arrêté, condamné à mort, n'a dû sa grâce qu'à une série de circonstances qu'il n'est pas, pour le moment, opportun de raconter, mais il n'en reste pas moins vrai que la cheville ouvrière du mouvement coopératif liégeois a été ainsi frappée par le despotisme allemand. A l'heure actuelle, Collot est toujours dans les geôles d'Allemagne.

Mais, malgré toutes ces souffrances, en dépit de tout ce que nous avons souffert en Belgique, si demain on demandait aux coopérateurs belges, à la nation belge elle-même: regrettez-vous aujourd'hui ce que vous avez fait en 1914 ; si le geste de 1914 était à renouveler, le feriez-vous encore? Je puis vous assurer en toute conscience qu'à l'unanimité coopérateurs et Belges de toute condition et de toutes organisations répondraient : Oui, nous referions ce geste. (*Vifs applaudissements.*) Nous le répéterions, d'abord parce que notre honneur était en cause, oui, mais aussi parce que nous voulions coopérer avec une nation qui à travers l'histoire représente la démocratie, la justice, le droit. Nous voulions coopérer avec la France, nous voulions lutter avec elle pour sauver l'humanité elle-même, pour empêcher que le militarisme et la réaction dominent le monde. Voilà pourquoi les Belges se sont dressés, unanimes, aux côtés de la France; voilà pourquoi ils se réjouissent aujourd'hui encore, après tout ce qu'ils ont souffert, de l'acte qu'ils ont fait, et ils sont disposés à souffrir encore pour que la justice, la vérité et la paix durable et définitive triomphent enfin. (*Applaudissements.*)

Camarades, les Belges ont compris que la France est comme une lumière qui éclaire et pénètre le monde, et que si demain la France disparaissait, l'humanité serait plongée dans des ténèbres pour de longues années. Voilà ce que nous pensons, voilà ce que nous savons en Belgique, et c'est parce que nos camarades savent cela, c'est parce qu'ils en sont convaincus qu'ils se sont dit: Pendant l'occupation allemande nous devons être dignes et de notre passé et de notre alliée la France, nous devons quand même faire preuve de courage et de volonté. Et sous la botte allemande ils ont travaillé, ils ont lutté, ils ont dit: notre mouvement coopératif ne peut pas mourir et il ne mourra pas, et nous avons constaté tout de suite la lutte entreprise par les Coopératives belges contre les mercantis, contre les accapareurs d'abord. Mais ce n'était encore que le côté négatif de l'action; à côté de cela il fallait apporter l'appui et surtout le savoir, l'expérience, la pratique acquise par une longue action coopérative; il fallait apporter ce concours précieux aux organisations de ravitaillement installées dans le pays par les administrations communales, les administrations provinciales et par les créations nouvelles, sorties du désir des Belges de se sauver eux-mêmes avec l'appoint de l'Amérique.

Immédiatement ils se sont mis à l'œuvre, et je dois dire qu'ils ont réussi grandement; car si la famine n'a pas fait entendre plus tôt ses sinistres sabots sur les routes de la Belgique, c'est grâce à l'effort certain de l'Amérique, qui a apporté un appoint précieux, mais aussi grâce à l'organisation intelligente que l'esprit coopératif à fait naître partout. C'est que les représentants, les conseillers communaux, les conseillers provinciaux; les autorités de Belgique ne sont pas seulement des autorités bourgeoises prises dans le monde politique en général, mais saturées d'esprit coopératif; c'étaient des coopérateurs qui travaillaient là et qui, dans l'organisation intime des distributions de secours, d'aliments, dans l'organisation du ravitaillement en général, ont apporté leurs règles sérieuses et précises, leur expérience coopérative. Voilà pourquoi nous leur devons le salut de la nation belge au point de vue alimentation, ce qui est la question essentielle pendant la guerre.

A cela ne s'est pas bornée l'activité des coopérateurs belges. Ils ont — et c'est un phénomène curieux à observer — été portés en avant par la sympathie publique; ils ont senti en même temps qu'il fallait sortir de l'esprit de division, de l'organisation éparpillée des petites sociétés faibles et dans des pays tels que la région de Liége, où le mouvement coopératif était très puissant, mais extrêmement éparpillé, on a vu les 53 Sociétés coopératives de la province se fédérer, non pas dans une fédération seulement morale, mais dans une fédération pratique, commerciale, active. Elles se sont entendues; ce que tous nos discours, ce que nos efforts pendant tant d'années n'avaient pu faire, la guerre l'a réalisé. Aujourd'hui nous pouvons constater en Belgique une poussée nouvelle vers la centralisation coopérative, vers l'union de plus en plus étroite de tous les efforts.

En lisant votre organe coopératif, j'éprouvais une joie sans mélange en constatant que nos camarades français suivaient la même voie, qui est la bonne, celle qui nous donnera la force, qui fera en sorte que la coopérative deviendra réellement capable de combattre avec efficacité tous les efforts capitalistes dans le domaine commercial et notamment dans le domaine alimentaire.

Je me résume en vous disant merci pour la joie que vous me donnez, à moi personnellement, et certainement, lorsque nos camarades belges le sauront demain, pour la joie que vous leur donnerez lorsqu'ils apprendront les beaux succès que vous avez obtenus dans le domaine de la coopération. Merci à vous tous pour cela d'abord, et merci aussi au nom des coopérateurs en exil. Car il se produit un phénomène que je dois encore vous signaler. Parmi nos coopérateurs en exil, qui sont au front, avec lesquels je suis en rapport, j'ai constaté que la ferveur coopérative, si je puis dire ainsi, s'est accrue, l'amour de la vieille coopérative s'est développé, on commence à comprendre, on comprend mieux, on pénètre davantage quelle est l'importance et la portée du mouvement, et en Belgique ceux qui ne l'avaient pas compris encore commencent à y venir, puisqu'en pleine guerre le nombre des coopérateurs ne cesse de s'accroître, même au milieu des conditions terribles dans lesquelles les Coopératives belges se trouvent placées en ce moment.

Au nom des coopérateurs belges, aussi bien de ceux qui se trouvent sous la botte de l'étranger qu'au nom de ceux qui sont en exil, je salue votre Ve Congrès, je lui souhaite un plein succès, et je vous réitère, au nom de la Belgique entière, les sympathies profondes que nous éprouvons pour la France restée la France de la démocratie et du droit. Vivent les coopérateurs français! (*Vifs applaudisssments.*)

Nomination des Commissions du Congrès

LE PRÉSIDENT. — La parole est à notre camarade Poisson, pour diverses communications.

POISSON. — J'ai à vous mettre au courant des différents saluts où des différentes excuses qui nous sont parvenus.

Salut de la Fédération nationale Italienne, du Consorzio delle Cooperative, de Milan ; de la Fédération des Coopératives Catalano-Baléares, de l'Union Suisse, de la Société de Genève dont le siège est à Londres.

D'autre part, l'Alliance Coopérative Internationale à laquelle, naturellement, notre organisation est adhérente, m'a envoyé une lettre pour saluer votre Congrès, en indiquant que, conformément à une décision prise au cours de la guerre, elle ne se fait pas représenter directement aux Congrès nationaux, mais elle espère que ce Congrès sera un plein succès et que nous travaillerons pendant la guerre et après la guerre à reconstituer le mouvement coopératif dans le monde.

Nous vous demanderons de nommer une Commission de vérification des mandats. Vous savez que c'est une chose facile, puisque les Sociétés représentées sont adhérentes aux Fédérations régionales, et que chaque secrétaire des Fédérations régionales, représentant les Coopératives de sa région, a en mains une liste des Sociétés qui sont adhérentes. S'il y avait des observations à présenter, chacun de ces secrétaires voudrait bien me remettre, avant deux heures, les observations sur les listes qu'il a en mains; je les soumettrais à la Commision de vérification de mandats. Il n'y a d'ailleurs de difficultés que pour une ou deux Sociétés qui font appel devant le Congrès du refus de leur adhésion par les Fédérations. Une Commission de cinq membres pourrait être nommée et se réunir à 1 h. 1/2 dans cette salle.

Je vous rappelle que, conformément aux statuts qui nous régissent, il existe une Commission dite des résolutions, à laquelle on doit renvoyer tous les vœux qui pourraient être exprimés. Nous ne discutons, vous le savez, que sur les vœux et les questions qui ont été portés à l'ordre du jour; s'il y a d'autres vœux et résolutions, ils doivent être renvoyés, avant lecture et discussion, à cette grande Commission.

Cette grande Commission est composée d'après un règlement élaboré l'année dernière. Elle a aussi pour but et pour rôle — rôle peut-être principal — la présentation au Congrès et à l'Assemblée générale de la liste du Conseil unique du Magasin de Gros et de la Fédération nationale. Je prierai les Fédérations de vouloir bien désigner leurs délégués.

La représentation à cette Commission est la suivante:

Chaque Fédération régionale sera représentée à cette Commission par:

1° Un délégué par Fédération;

2° Un délégué supplémentaire par trente voix au Congrès.

Les votes sont comptés à la Commission d'après le nombre de voix représentées par chaque Fédération à raison de:

1° Autant de voix que la Fédération régionale en possède au Congrès national (soit une voix jusqu'à 100 francs de cotisations ou fraction de 100 francs);

2° Autant de voix que la Fédération régionale en possède à l'Assemblée générale du M. D. G. (soit un suffrage jusqu'à cent adhérents, plus un suffrage par cinq cents adhérents en plus et ceci par chaque Société fédérée). D'après les listes, les délégués des Fédérations peuvent voir à combien de membres ils ont droit. Nous les prions de vouloir bien désigner ces délégués entre eux.

Je propose que cette Commission se réunisse demain, à 1 h. 1/2, en bas, dans la salle des conférences.

LE PRÉSIDENT. — Voulez-vous désigner cinq camarades pour la Commission de vérification des mandats?

(Par acclamation, les camarades Martin, Buguet, Ricart, Lagrange, Bellino, sont nommés membres de la Commission).

LE PRÉSIDENT. — Je donne la parole à notre ami Louis Deshayes, député, Vice-Président du Comité coopératif des régions envahies.

Discours de Deshayes

LOUIS DESHAYES. — Chers camarades coopérateurs, si je n'avais écouté que mon sentiment personnel, je serais allé modestement m'asseoir au milieu de vous pour représenter la Coopérative à laquelle j'ai l'honneur d'appartenir et prendre comme vous ma part des grands enseignements que vous devez rapporter de ce Congrès.

Mais je ne puis oublier que je suis le secrétaire général du groupe de la Coopération à la Chambre des députés, et que les obligations de mon mandat me font un devoir de venir saluer au nom de mes collègues l'essor prodigieux de l'esprit coopératif qui vous anime tous aujourd'hui.

Vous avez fait du chemin, chers camarades coopérateurs, dans ces quelques années, et si, sortant de votre tour d'ivoire vous êtes venus jusqu'auprès des pouvoirs publics, permettez-moi de vous dire que c'est une conquête que vous avez réalisée.

Sans doute, à la Chambre, nous étions un certain nombre de coopérateurs de doctrine et de principe qui nous réunissions pour examiner les questions qui vous occupent et vous passionnent. Il y avait même parmi nous un certain nombre de coopérateurs militants et actifs, et les récents événements ont fait que notre groupe s'est accru. Le mouvement coopératif se dessinant, tous ceux de nous qui de près ou de loin s'intéressent aux questions économiques et sociales et ont devant les yeux le grand problème de l'après-guerre, sont venus dans notre groupe de la Coopération, et je n'ai pas besoin de vous dire de quelle sollicitude affectueuse ils vous entourent.

Vous êtes allés plus loin, et voici que dans quelques jours va se constituer et siéger pour la première fois un grand Conseil supérieur de la Coopération, qui, examinant de haut les grandes directives générales du mouvement coopératif, vous aura donné droit de cité dans la République et dans la démocratie organisée. Au milieu du désarroi universel vous avez fait la conquête de l'esprit public et chacun s'est tourné vers les organismes vivants, agissants, expérimentés, disciplinés, que vous représentez. Les cadres de la coopération ont constitué une élite pour la démocratie, en même temps qu'un levier d'indépendance pour défendre, dans les circonstances douloureuses que nous traversons, les intérêts matériels de la nation tout entière.

N'avons-nous pas vu votre œuvre s'accomplir dans l'agglomération parisienne, où vous avez répondu à l'appel de la Municipalité de Paris, où vous vous êtes fait les fourriers de l'alimentation parisienne? N'avons-nous pas vu dans la zone de l'intérieur la floraison merveilleuse de nouvelles associations coopératives se fondant partout et venant répondre au désir que pendant de longues années vous avez exprimé de tisser sur le territoire national un vaste réseau coopératif?

Plus loin encore, chers camarades, vous avez appris à l'autorité militaire ce que c'était que la puissance d'association, et c'est à votre exemple, sur vos leçons, sur vos enseignements, qui bouleversent un peu les principes hiérarchiques de la caste militaire, qu'on a créé des Coopératives militaires à l'image des Coopératives civiles. Vous avez fait même la conquête de l'esprit militaire, je souhaiterais qu'elle fût plus complète encore. (*Applaudissements.*)

Mais vous avez accompli une autre œuvre. J'ai, quant à moi, le souvenir des services précieux que vous avez rendus lorsqu'il s'est agi de venir au secours de nos populations une première fois libérées en 1917, et comment vous avez mis votre organisation au service de nos malheureux compatriotes. Cette œuvre interrompue sera reprise demain, nous en sommes persuadés, par la volonté de nos dirigeants et de l'*Union des Coopératives* de la région parisienne.

Certes ce sont les circonstances qui vous ont amenés à accomplir cette grande œuvre; mais il y a autre chose, et je n'ai point l'habitude de parler par réticences : par une heureuse évolution, dont la nation tout entière doit se féliciter, vous avez transformé les principes directeurs de la Coopération de France. J'ai le droit de dire, et notre ami Thomas ne s'en offusquera pas, que certains coopérateurs de doctrine n'avaient pas vu, il y a quelques années, sans quelque amertume et sans quelque inquiétude que les Coopératives de consommation ne s'adressaient qu'à une classe déterminée de consommateurs. Etant l'instrument d'une classe sociale déterminée, elles risquaient d'être mises au service exclusif d'un parti. Vous avez compris qu'un levier aussi puissant que la Coopération devait s'adresser à la démocratie et à la nation tout entière, et brisant les vieux moules dans lesquels vous avez vécu, vous avez dit à la nation, à l'humanité: la Coopération est l'œuvre de tous, entrez-y tous. (*Applaudissements.*) Ils y sont entrés, et y entrant ils ont eu la satisfaction légitime de satisfaire à des intérêts matériels souvent pressants.

Car, avant tout, il fallait vivre. Il fallait vivre, dans les derniers jours d'août 1914, lorsque la fleur de notre jeunesse étant déjà fauchée, les vieilles réserves, les vieux, étaient obligés d'aller prendre leur place aux combats meurtriers et d'abandonner la vie économique de la nation; lorsque les femmes de France, robustes et vaillantes, ont pris à l'atelier et à l'usine la place du mari parti dans la bataille; il fallait vivre, lorsque de leurs doigts tremblants et débiles, les vieillards, les femmes et les enfants ensemençaient la terre de France du bon blé qui fait le bon pain que nous devrions manger. Il fallait vivre, et c'est pour cela que se tournant vers vous, qui leur apportiez votre expérience, votre activité, votre organisation, ils sont entrés très nettement dans ce mouvement coopératif irrésistible qui nous présage pour l'avenir les plus beaux lendemains.

C'est cela que j'avais le devoir de saluer au milieu de vous; c'est parce que vous avez devant vous la route largement ouverte aux grands espoirs, et que de l'œuvre précaire et passagère de guerre, qui pourtant a rendu de si grands services à la nation, vous tirez les enseignements et les leçons nécessaires pour constituer dans

l'après-guerre la grande œuvre coopérative à laquelle vous êtes atta-
chés. Levier d'indépendance démocratique, puissance d'association,
puissance d'éducation, puissance d'émancipation, vous représentez
tout cela. Lorsque la France de demain, assise dans une paix terrible
et définitive, fondera sur des bases démocratiques ses institutions
suprêmes, la Coopération y tiendra la première place. (*Applaudissements.*)

Discours d'Auerbach

LE PRÉSIDENT. — La parole est au camarade Auerbach, doyen de
la Faculté des Lettres de Nancy, délégué de la Fédération nationale
des Coopératives de consommation à l'Office national des Pupilles.

AUERBACH. — Chers camarades, voici un numéro un peu en marge
de votre programme, aussi ai-je le droit et le devoir d'être court.

Hier soir s'est tenue une Assemblée amicale des délégués des
Coopératives aux Offices départementaux des Pupilles de la nation.
Vous connaissez, par oui-dire plus que pour l'avoir approfondie,
cette loi, du 17 juillet 1916, qui a créé des pupilles adoptés par la
nation, loi qui a associé les Coopératives à cette grande institution
nationale. Les Coopératives sont très fières de cette solidarité, mais
il faut dire que la Fédération nationale n'avait pas attendu l'im-
pulsion législative pour entreprendre cette tâche civique de participation à l'éducation nationale, puisqu'un Comité d'éducation fonctionne auprès d'elle. Aujourd'hui la tâche de ce Comité se précise,
son champ d'action s'étend, son cadre s'élargit, puisqu'il embrasse,
non plus seulement la région parisienne, mais la France tout entière.

Hier soir, plusieurs camarades ont apporté des suggestions fort
intéressantes et précises, notamment notre camarade Jourdan, au
nom de l'Office départemental de Seine-et-Marne, mais ces motions
ne peuvent pas être par improvisation mises en forme, et d'ailleurs
celle-ci ne peut encore vous être présentée. Notre camarade Poisson,
gardien statutaire du sérail, veut que ces propositions en suivent les
détours pour revenir non pas châtrées, mais châtiées et d'autant
plus fécondes.

LE PRÉSIDENT. — Nos félicitations à Poisson, au nom du Congrès.
(*Rires.*)

AUERBACH. — Celle-ci figurera, si on veut, à votre ordre du jour
de l'an prochain; mais, dès à présent, je puis vous affirmer que les
coopérateurs, membres des Offices départementaux, comprendront
leurs obligations dans le sens le plus large et que les Coopératives
ne répandront plus seulement des denrées saines et des marchandises loyales, mais aussi ces produits de valeur morale, les idées
laïques et démocratiques qui sont la véritable marque française.
(*Applaudissements.*)

Discours d'Albert Thomas

LE PRÉSIDENT. — Camarades, ma tâche de président m'est rendue
désormais facile par les orateurs qui m'ont précédé : les uns et les
autres viennent de nous montrer que c'est dans les mêmes sentiments
de certitude, de confiance et d'espérance que notre V° Congrès coopératif ouvre aujourd'hui ses travaux. Ce sont, autour de nous, les

mêmes sympathies: sympathies de nos camarades italiens et de nos camarades suisses exprimées par les dépêches ou les lettres que vous a lues Poisson, sympathies du grand mouvement anglais, sympathies de nos camarades de Belgique; aujourd'hui, comme il y a un an, ténacité admirable de ce mouvement coopératif belge qui n'a cessé à aucun moment d'unir le souci de l'existence matérielle de ce peuple, malgré l'oppression allemande, avec la lutte pour le droit et la démocratie qu'il est heureux de mener avec nous. (*Applaudissements.*)

Nous constatons les progrès continus et constants du grand mouvement anglais; peut-être les chiffres qui nous ont été apportés cette année par notre camarade Saxton sont-ils un peu moins impressionnants que ceux qui avaient été apportés l'année dernière, mais en même temps qu'il poursuit d'un pas plus lent son progrès matériel, le mouvement coopératif anglais s'impose de plus en plus à des pouvoirs publics qui avaient quelque peu résisté à sa collaboration.

L'année dernière notre camarade May était pour la première fois candidat coopératif en Angleterre. J'avais eu l'imprudence amicale de lui envoyer une lettre de sympathie qui fut affichée sur les murs de Manchester, et j'ai été surpris, quelques mois plus tard, lors d'un voyage, de sentir que les autorités de Manchester m'en gardaient quelque peu rancune, ce qui indiquait que le grand mouvement coopératif anglais, malgré sa puissance, n'avait pas encore toute l'autorité désirable sur les pouvoirs publics.

Hier, à Londres, je parlais avec notre camarade Clynes, qui a trouvé le moyen, étant ministre du ravitaillement, de devenir en Angleterre un homme populaire, et Clynes me racontait comment dans les différents Comités locaux les camarades coopérateurs avaient commencé de pénétrer, quel rôle ils jouaient dans l'organisation du ravitaillement et la répartition des denrées, si bien que je pouvais constater, à quelques mois de distance, les progrès admirables déjà réalisés par le mouvement coopératif anglais au point de vue moral. Ainsi, tant par son progrès matériel que par son autorité morale, le mouvement coopératif grandit de jour en jour dans les nations.

Chez nous, je me plaisais l'année dernière, au début de notre Congrès, à dénombrer les progrès accomplis, à signaler l'accroissement du nombre des sociétés, l'augmentation du chiffre d'affaires du Magasin de Gros, les institutions nouvelles fondées par la Coopération avec les coopérateurs ou avec le patronat lui-même pour l'organisation de la consommation dans les grands centres et enfin le développement de nos Coopératives militaires. Après un an, ce sont de nouveaux progrès que notre Fédération a la joie de pouvoir manifester à la publicité. Le nombre des Sociétés augmente, passant de 1.200 à 1.500, le chiffre d'affaires du Magasin de Gros, montrant une progression admirable, passe des 9 millions de 1914-1915 à 14 millions, puis des 26 millions de l'année dernière aux 42 millions de cette année. Enfin, les institutions projetées vont se réunir, les associations commencent à fonctionner, la collaboration avec les pouvoirs publics s'affirme de jour en jour, et sur le front, de mois en mois, au milieu même des batailles, on sent la nécessité de créer des coopératives divisionnaires ou de corps d'armée.

Je ne saurais trop, cette année comme l'année dernière, signaler les possibilités latentes de développement que nous trouvons dans les coopératives divisionnaires. Là, nous voyons souvent des agents de commerce, des employés de commerce, des épiciers, des charcutiers, de petits commerçants; j'ai causé souvent avec eux; car je ne passe pas devant une coopérative de division sans y entrer et sans y conduire nos amis admirer cette organisation. Or, quelles sont les conversations que nous y entendons?

Par l'effet même du travail coopératif, le petit épicier d'hier, le petit employé de commerce se préoccupent de ce qu'est le vaste mouvement coopératif, ils apprennent ce qu'est le Magasin de Gros, ce qu'est la Fédération nationale, et ce n'est pas seulement l'effet des noms qui rapproche, mais la nécessité d'une consommation et d'une répartition organisées.

C'est ainsi qu'au jour même de la paix, lorsque les soldats du front reviendront, il n'y aura pas seulement, en nombre moindre, hélas, nos braves coopérateurs, mais il y aura d'autres coopérateurs possibles que nous aurons le devoir d'éduquer et de grouper. (*Applaudissements.*) Ce sont là les progrès nouveaux accomplis; ils étaient, en quelque manière, fatals.

Ces progrès, la Coopération était appelée de toute nécessité à les faire dans une période de guerre comme celle-ci, où tous les maux, toutes les misères, toutes les injustices, tous les vices de la société actuelle devaient apparaître; les spéculations illicites, la multiplication du nombre des intermédiaires devaient, au milieu de la catastrophe présente, se manifester, et par là même, devaient se manifester aussi en pleine lumière ce qu'est l'inorganisation, le désordre et l'injustice de la société présente, c'est-à-dire les défauts et les misères que depuis déjà plus d'un siècle la Coopération dénonce au monde et s'est proposée de corriger par son développement même. (*Applaudissements.*)

C'était là ce qui devait apparaître, c'est ce qui est apparu. C'est à cela que vous avez tenté de remédier, et l'on comprend par là même les espérances que, dans tous les milieux, suscite à l'heure actuelle la Coopération; on comprend pourquoi sur tous les points de la France, presque spontanément, nous voyons se développer ce mouvement: c'est là, la raison profonde de la force d'aujourd'hui et de la force de demain du mouvement coopératif.

Seulement, si nous nous félicitons de ces progrès, si nous nous réjouissons de ces espérances groupées autour de notre mouvement, tous ceux qui, comme vous, sont pour une part responsables de nos organisations se demandent, comme Poisson le disait ce matin dans notre journal l'*Humanité*, si nous serons capables de répondre aux espérances que notre mouvement appelle; si le mouvement coopératif de demain sera capable d'apporter dans la société un peu plus d'équilibre, un peu plus de justice, s'il répondra précisément aux espérances que j'évoquais tout-à-l'heure?

C'est le gros problème que vous avez à résoudre aujourd'hui dans votre Congrès; il s'agit, en face de ces nécessités, de donner à toutes nos organisations la possibilité de se développer dans un monde où toutes les conditions économiques et techniques se trouvent déjà transformées. Au lendemain de la guerre, en raison même du travail de guerre, soit dans la mécanique, soit dans la métallurgie, soit dans l'industrie textile, dans toutes les branches de la production, il y aura une augmentation formidable des moyens, on doit se demander si pour la consommation la Coopération se trouvera armée de même manière. C'est pour augmenter sa puissance que vous avez mis à l'ordre du jour de votre Congrès la question du développement de ces sociétés à succursales multiples, c'est pour cela que vous avez envisagé les problèmes de fusion et également le problème des capitaux à réunir pour les sociétés coopératives, et enfin le problème de l'organisation de vos organisations départementales d'achats en commun.

Comme président, sinon un peu plus tard comme membre, je n'ai pas, à l'heure actuelle, le droit d'intervenir dans les débats, je tiens simplement à en souligner l'importance. Il résultera pour une grosse part des décisions de votre Congrès que le mouvement coopératif puisse avoir un développement tout à fait digne des conditions économiques et techniques nouvelles de la société développées par la guerre même.

Camarades, c'est là votre préoccupation immédiate, c'est là l'esprit ou plus exactement ce sont là les désirs d'action qui vous inspireront dans vos débats. Mais est-ce que je sortirais de mon rôle en évoquant devant le monde coopératif ici rassemblé quelqu'un de ces devoirs plus lointains qui l'animaient avant la guerre et dont l'urgence, pendant et après la guerre, s'imposera à tous les esprits?

L'année dernière, je reprochais un peu à notre mouvement coopératif, au milieu de ses constants progrès matériels, d'avoir un peu négligé le côté éducatif. Je suis heureux de souligner cette année, après les rapports de la citoyenne Jouenne et Robin, après les constatations des rapports sur l'action coopérative, qu'un effort sérieux a été fait là aussi et que les coopérateurs, ceux du moins qui sont groupés dans les grandes coopératives, n'ont pas oublié la besogne d'éducation.

Mais la besogne d'éducation immédiate suffit-elle? J'ose dire qu'elle ne suffit pas, et, s'il m'est permis comme président d'exprimer ici, je ne dirai pas une critique, mais plutôt un désir, une espérance, je demanderais si nous n'avons pas, les uns et les autres, le devoir de faire revivre, dans notre mouvement de guerre, un peu de l'esprit, je ne voudrais pas dire révolutionnaire, mais de l'esprit de transformation sociale qui nous unit tous.

Oui, mon cher Deshayes, j'ai été de ceux qui, dans notre mouvement socialiste même, voulaient à tout prix l'unité coopérative, j'étais de ceux qui considéraient que le mouvement coopératif devait s'adresser à l'ensemble des consommateurs; mais au moment où nous faisions tous notre fusion, nous affirmions en commun, non pas telle ou telle formule d'un socialisme étroit, mais l'unité d'esprit de tous les coopérateurs, des associations qui voulaient la transformation de la société, la substitution d'un régime d'égalité et de justice au régime parasitaire du commerce d'aujourd'hui. (*Applaudissements.*) Et j'estime que, malgré tous nos progrès, nous serions les représentants indignes du mouvement coopératif, nous mentirions à la glorieuse tradition qui a été créée par les Pionniers de Rochdale si nous ne songions pas, dans la guerre même, malgré les nécessités du moment, à ce que nos associations représentent d'espérance, non pas seulement pour celui qui demain reviendra du front, mais pour l'humanité tout entière.

Camarades, c'est là la pensée qui doit nous animer les uns et les autres. Un orateur ancien disait qu'il ne fallait pas se mettre à la suite des événements, mais se mettre à leur tête, comme un chef. Il faut que le mouvement coopératif se mette à la tête des événements; il ne faut pas qu'il suive simplement les circonstances de chaque jour, qu'il se contente de répondre à tel ou tel besoin, à telle ou telle nécessité du moment; il faut qu'au moment où il crée le grand mouvement coopératif de guerre sous la nécessité du moment, il songe à tout ce qu'il a espéré depuis des années, à ce qu'il espère encore pour demain. (*Applaudissements.*)

C'est là notre tradition. Mais ce n'est pas seulement pour rester fidèles à notre tradition, pour rester fidèles à notre esprit de coopérateurs que nous devons faire cet effort. La guerre agit profondément sur tous les esprits. Lorsqu'au sein de nos organisations politiques, nous nous trouvons aux prises entre camarades qui sentent si vivement la nécessité d'une paix démocratique, d'une paix du droit, et les autres qui sentent douloureusement toutes les souffrances et toutes les misères qui pèsent sur le pays tout entier et sur la classe ouvrière en particulier, au cours de ces discussions on peut sentir obscurément qu'au cœur des individus il y a quelques fibres qui se sont déchirées, et quelquefois, malgré l'armature admirable d'un pays comme le nôtre, je me demande si quelques-uns des troubles profonds qui ont abattu le pays russe ne pourraient pas parfois surgir, quoique avec moins de violence, dans le nôtre.

Ah, je ne fais pas de comparaison; mais je dis qu'à l'heure actuelle, dans le cœur des prolétaires il y a souvent beaucoup de trouble, beaucoup d'agitation. Eh bien, dans le pays que je viens de citer, auquel le nôtre, malgré ses défauts, ne pourrait être comparé, dans ce pays, au milieu du désordre, au milieu de l'anarchie générale, dès le début de la révolution, il subsistait une espérance de maintien de l'organisation, une espérance de maintien de la vie nationale, et qui donc la donnait? C'était le mouvement coopératif. A l'heure où la révolution russe éclatait, c'étaient les coopérateurs qui apparaissaient comme les seuls hommes capables d'apporter dans le pays ou une solution partielle à la crise des transports, ou une possibilité d'entente entre les ouvriers des villes et les ouvriers des campagnes. C'était un coopérateur, Tseretelli, que le premier gouvernement avait mis au ministère, et, malgré l'échec ultérieur, un certain nombre de progrès certains avaient été accomplis. Croyez-le bien, ce n'est pas un hasard si le vieux Tschernichewky, que nous avons tous connu, tous vénéré à Paris, a été un moment le président du Conseil du gouvernement d'Arkangel en Russie, subsistant même au milieu de l'anarchie de ce grand pays.

Si demain des troubles analogues, quoique moindres, des inquiétudes devaient naître dans notre pays, ce que nous voudrions chez nous, c'est que la coopération fut assez consciente de sa force, de sa vitalité, des grandes espérances vers lesquelles elle achemine l'humanité pour pouvoir, dans le pays, malgré les troubles, malgré les inquiétudes, maintenir l'armature sociale et préparer la voie à la justice. (*Applaudissements.*)

Voilà notre pensée; au moment même où nous accentuons nos progrès matériels, maintenons intact, élevé très haut, l'idéal de la coopération. Par notre travail dans la guerre même, sans nous laisser accaparer ni absorber par des préoccupations d'organisation immédiate, élevons-le de suite très haut, car il est une des garanties pour l'avenir du pays en même temps dans la guerre et dans la paix, et ce n'est que si nous sommes dignes de ces espérances que nous accomplirons les destinées de la Coopération.

La guerre a apporté, en Belgique et dans nos départements envahis, dans tous les villages qui ont été atteints par la bataille, de terribles dévastations. Dans nos villages de Picardie, dans nos beaux villages de France, la maison coopérative que nous avions la joie à voir s'élever un peu plus haute, un peu plus moderne, est parfois complètement rasée et ne représente plus qu'une immense mer rouge de briques. Demain il faudra tout reconstruire et nous pensons que l'esprit d'organisation, non seulement des coopérateurs mais du pays républicain tout entier, se manifestera de telle manière que le village ne soit pas reconstruit dans le désordre et l'incohérence

d'hier, mais sur un plan méthodique, avec la possibilité de développement de la vie collective.

Camarades, il n'y a pas seulement les dévastations matérielles, il
n'y a pas seulement les ruines accumulées par les obus, il y a aussi
dans l'organisation même de la société beaucoup de ruines. Il y a
dans l'organisation capitaliste, telle qu'elle s'efforce de grandir et
de s'accroître pendant la guerre, beaucoup de lézardes; il y aura des
pans de mur qu'on ne pourra pas redresser. Eh bien, camarades,
pour ces dévastations morales comme pour les autres, il ne s'agira
pas de venir réparer timidement, de reconstruire sur le même plan,
de reconstruire la société, tant pour la consommation que pour la
production, sur le plan d'hier; il faudra que ce soit sur le plan nouveau de la justice coopérative que la société soit reconstruite et que
les dévastations soient réparées.

C'est cet appel que je tenais, sûr d'être entendu, à adresser aujourd'hui à nos camarades coopérateurs. De même que le patronat
songe aujourd'hui, à la reconstruction de ses usines et au développement de la production, de même demain, les coopérateurs
qui portent le flambeau de la tradition démocratique et
de la justice sociale, auront à imposer à la nation éclairée par la
guerre le régime de justice et de fraternité qui a toujours été leur
idéal. (*Longs applaudissements.*)

Hommage à " La Bellevilloise "

Poisson. — Nos camarades de la *Bellevilloise*, qui nous donnent
l'hospitalité, ont décidé de vous offrir un vin d'honneur. Nous vous
prions donc de rester à vos places, et je pense que pour la bonne
marche du Congrès et de ses travaux nous pourrons commencer notre
séance de cet après-midi, à 2 heures précises, par l'examen des
rapports.

Je me fais l'interprète de tous les congressistes en remerciant nos
camarades de la *Bellevilloise* de leur geste amical.

La séance est levée à 11 h. 20.

DEUXIÈME SÉANCE DU 22 SEPTEMBRE 1918

La séance est ouverte à 2 h. 1/2.

Président, Cleuet ; assesseurs, Cuminal, de la Fédération lyonnaise, et Bour, de la Fédération lorraine.

La parole est à Buguet, rapporteur de la Commission de vérification des mandats.

Rapport de la Commission de vérification des mandats

BUGUET. — Après examen des listes de vérification, la Commission a conclu que 1.405 Sociétés de consommation étaient régulièrement représentées à ce Congrès, plus 10 Sociétés de production et 25 Cercles.

Deux conflits étaient en outre soumis à l'examen de la Commission.

L'un concernait l'*Aide Mutuelle*, de Darnétal, qui avait été admise comme adhérente à la Fédération nationale et repoussée par la Fédération régionale. Après avoir entendu les deux parties, la Commission a décidé qu'il y avait lieu de refuser l'adhésion de la Société.

Un deuxième conflit concernait une Société de Bar-sur-Aube dont l'adhésion avait été refusée par la Fédération de l'Est. Après avoir entendu les deux parties, la Commission a décidé qu'il y a lieu à enquête : l'affaire a été confiée aux camarades Martin et Bellino, qui ont pleins pouvoirs pour trancher le conflit.

LE PRÉSIDENT. — Quelqu'un demande-t-il la parole sur le rapport du camarade Buguet ?

Ses conclusions sont adoptées.

PROGRAMME DU CONGRÈS

Le Conseil central a décidé d'organiser le 5ᵉ Congrès national des Coopératives de consommation à Paris, les 22, 23 et 24 septembre prochain, salle de *La Bellevilloise*, 23, rue Boyer (Métro : Martin-Nadaud).

Dimanche 22 septembre. — De 9 heures à midi: Réception officielle des délégués étrangers; Vérification des mandats; Ouverture du Congrès, sous la présidence d'Albert Thomas. En fin de séance, désignation de la Commission des résolutions qui doit établir la liste des candidats au Conseil unique du M. D. G. et de la F. N. C. C.

De 14 à 18 heures: Elude des rapports des différents services de la F. N. C. C. et de son activité depuis le dernier Congrès:

a) Secrétariat, Commission permanente;

b) Vie des Fédérations régionales et des Sociétés;

c) Comité confédéral et Conseil central;

d) Différentes Commissions de la F. N. C. C. : Service juridique ; Renseignements administratifs et commerciaux; Comité d'éducation (Orphelins, Exode, Pupilles, etc.);

e) Journal l'*Action Coopérative;*

f) Rapport financier, bilan, Commission de contrôle, Commission des finances;

g) Office technique, Comité des Régions envahies;

h) Conseil supérieur de la Coopération;

i) Commission des crédits (armements, ravitaillement, travail, etc.).

Lundi 23 septembre. — De 9 heures à midi: Suite de l'étude des rapports:

j) La question des économies et des sociétés de développement;

k) La question du ravitaillement du pays et des coopératives.

De 14 heures à 18 heures. — Assemblée générale du M. D. G. (réservée aux Sociétés actionnaires du Magasin de Gros).

Mardi 24 septembre. — De 9 heures à midi: Pourquoi et comment les Sociétés coopératives doivent-elles se procurer des capitaux?

De 14 heures à 18 heures. — Rôle des Fédérations régionales et des Unions de Sociétés au point de vue commercial.

La veille du Congrès: le *samedi 21 septembre* se tiendront au siège de la Fédération nationale, 13, rue de l'Entrepôt, à Paris:

1° A 20 heures: Assemblée générale de la Caisse des Retraites;

2° A 20 h. 30: même endroit, Assemblée des délégués aux Offices départementaux des Pupilles de la Nation, sous la présidence de M. Auerbach, délégué de la F. N. C. C. à l'Office National des Pupilles.

Avis important aux Sociétés. — Les Sociétés coopératives sont instamment priées de bien vouloir retourner au siège de la Fédération nationale, 13, rue de l'Entrepôt, le mandat blanc après y avoir porté le nom du (ou des) délégués.

La carte rouge sera à remettre à chacun des délégués et servira de contrôle à l'entrée du Congrès.

Election du Conseil unique de la F. N. C. C. et du M. D. G. — Conformément à l'article premier du règlement voté par le 4e Congrès de 1917, ainsi conçu :

« Un mois avant la date fixée par le Congrès, les Fédérations doivent faire connaître au Secrétariat les noms des candidats pris dans leur région, ou en dehors de leur région, qu'ils entendent proposer pour le Conseil commun de la Fédération nationale et du M. D. G.

« Nul ne pourra être candidat s'il n'a été présenté par une Société à sa Fédération régionale et s'il n'a été agréé par celle-ci. Le candidat devra justifier de sa participation actuelle ou antérieure à l'administration d'un organisme adhérent à la Fédération nationale et de sa qualité de coopérateur actif depuis trois ans, certifiée par une Société fédérée.

« Aucune Fédération ne pourra présenter plus d'un quart des candidats à élire. Le Conseil central recueille toutes ces candidatures et en fait une liste qui est portée à la connaissance des Fédérations et Sociétés quinze jours au moins avant le Congrès. »

Tous les rapports sur l'activité de la Fédération nationale, ainsi que de ses différentes Commissions, sur les questions à l'ordre du jour du Congrès et sur les propositions faites par le Conseil central adoptées par le Comité confédéral, ont été publiés dans l'*Action Coopérative* pendant les mois de juillet et août.

LES RAPPORTS

Le Président. — Les Délégués qui auront des questions à poser à propos des rapports de la Fédération, se feront inscrire.

Voici ces rapports:

Rapport du Secrétariat sur l'activité de la F. N. C. C.

Secrétariat. — Aucun changement n'a été opéré dans le secrétariat depuis le dernier Congrès national. Le Conseil central a nommé Poisson, secrétaire général pour l'intérieur et l'extérieur; Daudé-Bancel, secrétaire général pour le journal et les publications, la propagande devant être assurée par les deux secrétaires généraux.

Conseil central. — Le Conseil central a tenu régulièrement ses réunions mensuelles, soit dix réunions. Conformément aux décisions du Congrès, nous indiquons les absences aux différentes réunions: Lamothe, Gaillard, Benoist, Peckstadt, 1 absence; Chartenot, Lepouriel, 2 absences; Poulette, Gide, Sellier, 3 absences; Joucaviel, 5 absences; Lucas, 7 absences.

Commission permanente. — Le Conseil unique a décidé au mois de janvier, la création d'une Commission permanente pour régler les questions urgentes et importantes dans l'intervalle de la tenue des réunions du Conseil unique. Ont été nommés membres de cette Commission:

Poisson, Daudé-Bancel, comme secrétaires de la Fédération nationale et Ch. Gide, Cleuet, Lamothe, comme administrateurs du Magasin de Gros.

Les décisions de la Commission doivent être ratifiées par le Conseil unique.

La Commission a tenu de nombreuses réunions. Elle s'est particulièrement occupée de la question de dépôts régionaux pour l'utilisation des prêts du Ministère du Travail; des questions relatives à l'Alliance Coopérative Internationale. Elle a proposé les diverses résolutions concernant l'organisation du Congrès national et du Comité confédéral. Elle a eu à régler l'incident Joucaviel avec la *Revanche* de Carmaux et la Fédération du Sud-Ouest. Elle a pris l'initiative de la réception de M. Aneurin Williams, vice-président de l'Alliance Coopérative Internationale et s'est occupée aussi des délégations aux Congrès anglais et suisse.

Elle a demandé la création d'un Comité de défense coopérative de la région parisienne, au moment où les événements rendaient la situation critique. Heureusement, ce Comité n'a pas fonctionné. Il était fondé sur les bases suivantes:

ARTICLE PREMIER. — Ce Comité, créé en raison des événements actuels, prendrait, le cas échéant, toutes mesures utiles pour la défense des intérêts coopératifs de la région parisienne.

ARTICLE 2. — Les décisions seront prises à la majorité des membres présents.

ARTICLE 3. — Il est composé de 14 membres pris parmi les organisations centrales et parmi les organisations parisiennes : 7 membres parmi les organisations centrales ; 7 membres parmi les organisations parisiennes.

ARTICLE 4. — La Commission permanente détermine ainsi la composition du Comité:

3 membres de la Fédération nationale: Poisson, Daudé-Bancel, Gide.

3 membres du Magasin de Gros: Cleuet, Lamothe, Garbado.

1 membre de l'Office Technique: Albert Thomas.

7 représentants des Sociétés parisiennes: Ramadier, Gaston Lévy, Berthaut, Buguet, Sigogniaux, Sellier, Coeylas.

Suppléants: Robert, Chaumat, Colson, Handwerck.

Elle a décidé que le Magasin de Gros verserait à Guillémin, ancien secrétaire de la Fédération nationale, une somme mensuelle de 200 francs à titre provisoire.

Fédérations régionales. — Les Fédérations régionales, au cours de l'année, ont repris toute leur activité; plus des trois quarts ont tenu des Congrès et les bureaux sont définitivement constitués. La Fédération nationale a eu la douleur de voir mourir deux secrétaires fédéraux parmi les plus actifs, Dumont, de la Fédération lyonnaise, et Bourgeois, de la Fédération de l'Est. Le Conseil central a adressé aux familles l'expression de sa sympathie attristée.

Plusieurs nouvelles Fédérations régionales se sont créées au cours de l'année et ont été admises par le Conseil central: la Fédération de la Nièvre, dont le secrétaire est notre camarade Saint-Eloy, à Nevers ; la Fédération de Lorraine, dont le secrétaire est notre camarade Lhuillier, à Nancy. Il n'y a pas eu d'opposition de la part des Fédérations régionales qui pouvaient y être intéressées.

Des Fédérations d'outre-mer se sont également constituées et trois Fédérations sont en formation; ce sont les Fédérations d'Algérie, de Tunisie et d'Oranie.

Déjà, la Fédération de l'Oranie a adhéré régulièrement à la Fédération nationale avec toutes ses Sociétés. Dernièrement, s'est constituée la Fédération de la Corse, où plus de dix Sociétés ont adhéré à la Fédération nationale. De plus, une Fédération du Var vient de se créer, pour laquelle l'avis préalable de la Fédération du Midi a été demandé.

Dans la région des Basses-Pyrénées et la région de l'Aveyron, il a été un moment question de création de Fédérations spéciales. A la suite d'arrangements avec les Fédérations régionales, le *statu quo* a été adopté.

A la suite d'un voyage de Poisson en Franche-Comté, une entente est intervenue entre la Fédération de Franche-Comté et le Comptoir des Coopératives de la région d'Audincourt. Conformément aux résolutions établies l'année précédente, un rapprochement plus complet s'est fait entre notre Fédération des Alpes et la Fédération des Coopératives du P.-L.-M., qui ont le même siège, la Fédération des Coopératives du P.-L.-M. servant d'organe régional commercial à notre Fédération des Alpes, dont le rôle est purement moral.

Notre camarade Poisson a assisté au Congrès des Coopératives du P.-L.-M., où il a reçu un excellent accueil, et, depuis lors, de nombreuses Sociétés de la Fédération du P.-L.-M. ont adhéré à la Fédération nationale. Nous devons en remercier particulièrement un des auteurs de cette bonne entente, notre camarade Chiousse.

Sociétés. — Les adhésions ont été extrêmement nombreuses cette année. En présence des difficultés de ravitaillement, le Conseil central de la Fédération nationale a décidé que le Magasin de Gros ne livrerait ses produits qu'aux Sociétés adhérentes à la Fédération nationale. En outre, ne seront admises à la Fédération nationale que les Coopératives sociétaires du M. D. G.

STATISTIQUE DES SOCIÉTÉS ADHÉRENTES AU 15 JUILLET 1918

Fédérations Nationales	Nombre de Sociétés
Algérie	11
Alpes et Savoie	58
Auvergne	35
Bretagne	95
Centre	40
Centre-Ouest	26
Deux-Charentes	65
Corse	11
Côte-d'Or	21
Est	48
Franche-Comté	36
Forez et Bourbonnais	68
Garonne et Pyrénées	41
Jura	42
Lyonnaise	79
Madagascar	4
Manche	7

Marne et Aisne	13
Maroc	1
Meurthe-et-Moselle	19
Midi	73
Nièvre	15
Nord-Ouest	56
Oranie	19
Pas-de-Calais	23
Parisienne	154
Saône-et-Loire	46
Seine-et-Marne	34
Somme et Oise	44
Sud	33
Sud-Ouest	55
Touraine	46
Vosgienne	20
Zonienne	27
TOTAL	1.362

Restent naturellement en dehors de cette statistique, les Fédé-rations des régions envahies du Nord, des Ardennes et les Sociétés des Fédérations des régions en partie envahies depuis 1914 (Pas-de-Calais, Aisne et Marne, Somme et Oise).

Comité confédéral. — Le Comité confédéral a tenu deux séances à Paris, le 24 mars 1918. Seize Fédérations s'y étaient fait représenter; 11 membres du Conseil central et les représentants des différents services y étaient présents.

Les rapports du Conseil central y furent approuvés. L'ordre du jour et la date du Congrès national y furent fixés. La Comité confédéral prit, de plus, les résolutions suivantes :

Il décida qu'à l'avenir les Sociétés coopératives fermées et véritablement coopératives seraient admises à la Fédération nationale. Les Fédérations régionales ont à remettre leur avis sur les adhésions nouvelles. Toutefois, la Fédération nationale insistera auprès des Sociétés fermées pour qu'elles deviennent de plus en plus ouvertes.

Le Comité confédéral choisit les douze candidats à présenter au Conseil supérieur de la Coopération. L'élection devait avoir lieu avant le Congrès national et sa date n'a été connue que huit jours seulement avant le Comité confédéral.

Sur les Sociétés de développement, le Comité confédéral adopta le rapport Lévy, paru dans l'*Action Coopérative* du 6 avril 1918 et vota, sur proposition de Poisson, l'ordre du jour suivant :

« Dans le périmètre d'action des Sociétés coopératives régionales de fusion ou de développement, périmètre déterminé par les Sociétés régionales, des Sociétés coopératives nouvelles, malgré les efforts faits et pour diverses raisons particulières, pourront se constituer sous une forme autonome.

« Après consultation des Fédérations régionales, dans les mêmes conditions que pour les autres Sociétés et sans que cela leur donne droit à un périmètre de protection, ces Sociétés seront admises à la Fédération nationale si elles s'ouvrent dans une localité, un quartier ou une ville (à une distance déterminée par la Fédération régionale) où il n'existe pas de succursales de la Société régionale ou si celle-ci ne fait pas d'opposition.

« Les Coopératives régionales ne sauraient, en aucun cas, être concurrentes des Sociétés existantes et elles doivent être adhérentes à la Fédération nationale des Coopératives.

« La Fédération régionale délimitera elle-même, s'il y a lieu, le périmètre d'influence des Sociétés existantes. »

Sur les économats patronaux, le Comité confédéral décida de confier la rédaction d'un ordre du jour d'action à une Commission. L'ordre du jour paru dans l'*Action Coopérative* est ainsi conçu :

« La Fédération nationale réclame des pouvoirs compétents l'application de la loi de 1910 sur les économats et qu'en conséquence :

« 1° Il ne soit plus créé aucun économat ou organisation similaire dits philanthropiques ;

« 2° Que tous les économats ou œuvres similaires existants soient transformés graduellement en Sociétés coopératives, conformément à la loi du 7 mai 1917.

« La Fédération nationale déclare que, dans ce but, elle est en mesure d'assurer ou de faire assurer la gestion de toute entreprise d'alimentation en commun auprès d'établissements industriels, soit en contribuant à la création de Sociétés coopératives spéciales, soit en organisant des services dépendant de Sociétés coopératives déjà existantes, et ce, avec le concours des industriels, le cas échéant.

« Elle est donc à la disposition des intéressés pour, juridiquement et économiquement, transformer les économats existants en coopératives fonctionnant dans des conditions identiques.

« De plus, la Fédération nationale, en ce qui concerne les économats de chemins de fer, d'accord avec les organisations coopératives de cheminots et avec la loi de 1910 qui prévoit le referendum, demande que l'Etat donne l'exemple en transformant son économat en coopérative et qu'il attribue à celle-ci, à titre de subvention, les sommes qui forment actuellement le fonds de roulement de l'économat. »

Le Comité confédéral, en se félicitant de l'élection de son candidat, M. Auerbarch, doyen de la Faculté des Lettres de Nancy au Conseil national des Pupilles de la Nation, protesta contre les conditions dans lesquelles l'administration avait organisé ces élections, et particulièrement celles des délégués coopératifs aux Offices départementaux.

*
* *

Nous avons publié depuis deux mois dans l'*Action Coopérative* les rapports sur l'activité de la Fédération nationale; rapports de ses différents services, rapport sur les organisations auxquelles la Fédération nationale a directement ou indirectement prêté son concours.

De cet ensemble qui, quoique long, n'est qu'un résumé, il ressort que la Fédération nationale des Coopératives a eu depuis le dernier Congrès une activité pour ainsi dire débordante. Il serait peut-être bon pour être complet qu'à l'instar des organisations étrangères, la Fédération nationale, grâce à des moyens financiers plus puissants, puisse arriver chaque année à donner un exposé écrit de son action dans tous les domaines.

*
* *

Nous voudrions ici marquer les idées essentielles qui nous semblent se dégager de l'action de la Fédération nationale des Coopératives. De tous les points de la France, on a fait appel à l'organisation centrale du mouvement coopératif pour conseiller et pour renseigner les Coopératives en gestation. Disons la vérité, l'idée coopérative s'est développée au cours de la guerre plus rapidement que sa puissance de réalisation. La propagande faite par les événements, et particulièrement la crise de la cherté de vie, a été plus efficace que n'auraient pu l'être les efforts des meilleurs propagandistes et de la parole et de la plume; de telle sorte que souvent la Fédération nationale des Coopératives et le mouvement coopératif tout entier pouvaient presque apparaître comme un frein et non pas comme un stimulant aux recrues innombrables qui viennent à l'idée coopérative.

Le devoir de la Fédération nationale est non seulement d'encourager les efforts, mais encore, et surtout, de bien les canaliser. Il importe — et ce fut son rôle — que les coopérateurs nouveaux ne puissent avoir des désillusions profondes après des espoirs de néophytes. Il faut rappeler, sans cesse, quelles sont les conditions dans lesquelles le mouvement coopératif est une organisation permanente et durable et à quelles conditions il peut servir l'intérêt du consommateur pour préparer son émancipation. Il y a là une grande tâche d'éducation qui doit être le devoir de la Fédération nationale et il doit multiplier ses efforts pour être à la hauteur du rôle qui lui incombe en travaillant à l'émancipation des consommateurs qui voient dans le mouvement coopératif la véritable solution à l'exploitation dont ils sont les victimes.

*
* *

L'année 1917-1918 aura été pour le mouvement coopératif une année féconde pour son adaptation technique aux conditions économiques de vie et de développement qui lui sont propres. C'est ainsi que la Coopération a senti qu'elle ne devait pas être simplement un meilleur organe de répartition des richesses, mais en même temps, et à la fois, un progrès économique. Pour arriver à cela, il faut que les Coopératives perdent leur caractère, ici fermé, là localiste. Il faut qu'elles tendent tous leurs efforts non seulement vers la fusion des Sociétés existantes, mais vers leur extension auprès des Sociétés de développement à succursales multiples. Il faut qu'elles revisent leurs méthodes commerciales et qu'ainsi, loin de passer au deuxième plan leurs préoccupations d'ordre moral, elles considèrent que le rôle social de la Coopératioon est étroitement lié à celui de son développement technique.

*
* *

Cependant, les problèmes que le mouvement coopératif a eu à résoudre ne font que commencer. C'est demain et après la guerre, alors que la crise de cherté de vie continuera, malgré ce qu'en pensent beaucoup, que même, en dehors de l'alimentation, la Coopération s'imposera dans tous les domaines. Si le rôle de la Fédération nationale ne peut être qu'accru, si demain, elle a à se préoccuper, non seulement de ses propres organisations, organes naturels de défense des consommateurs, mais de toutes les institutions qui, servant l'intérêt général, doivent par là même représenter l'intérêt supérieur du consommateur, il importe que tous renforcent ces cadres, que tous les coopérateurs rejoignent le mouvement coopératif. Il faut pour cela beaucoup d'hommes, beaucoup de foi, beaucoup de largeur de vues.

Que l'organe de coordination des efforts qui s'appelle la Fédération nationale soit, avec le concours des Coopératives et le concours des coopérateurs, à la hauteur de sa tâche. C'est là ce qui ressort de son activité pendant l'exercice écoulé et qui doit nous servir pour préparer les efforts de l'année qui vient.

Pour le Secrétariat:
E. POISSON.

Renseignements administratifs et commerciaux

La Commission des renseignements administratifs et commerciaux n'a pas chômé depuis un an. Elle a eu à répondre à de multiples questions touchant à toute l'activité coopérative et commerciale:

Installations de boutiques d'épicerie, de boucherie, de boulangerie;

Attribution des différentes Commissions coopératives, principalement des Commissions de contrôle;

Renseignements sur les pharmacies coopératives, sur l'application des décrets de restriction; sur l'opportunité de traiter des marchés; sur les livres coopératifs;

Contrôle des marchandises; contrôle des répartitions et des gérances;

Contrat de gérance et attributions des gérants;

Les droits du Conseil dans une Coopérative avec gérant responsable;

Renseignements comptables, etc., etc.

Mais, et surtout, la Commission a eu à s'occuper de multiples réclamations pour le sucre; des visites ont été faites, à cet effet, au Ministère du Ravitaillement et, souvent, nous avons été assez heureux pour faire obtenir satisfaction aux Sociétés.

La question du ravitaillement a aussi provoqué une correspondance assez importante. Les décrets, dont plusieurs se contredisent, ne sont pas toujours compréhensibles.

Les demandes faites ont maintes fois obligé le secrétaire de la Commission à faire des recherches assez longues ; il ne s'en plaint pas; car il est le premier à profiter de ce qu'il apprend.

Donc, usez, autant qu'il est nécessaire, des services de la Commission.

Le Secrétaire :
G. GARBADO.

Rapport sur les travaux du Comité d'Éducation

Le comité d'Education de la Fédération nationale a pour but de rechercher tous les moyens favorables à l'éducation des consommateurs, à celle de leurs enfants, de la jeunesse coopérative et à faire connaître le plus possible les bienfaits matériels et moraux de la Coopération. Cette éducation coopérative est plus vaste qu'on ne pense et n'embrasse point seulement, comme parfois on semble le supposer, nos charmants groupes de pupilles. Le Comité d'Education a esquissé dans une des premières séances de l'année ce vaste programme qui comprend les points suivants : 1. Plan d'un programme d'éducation générale coopérative qui intéressait toute notre organisation; 2. Création d'une œuvre nationale de vacances; 3. Echange familial des enfants; 4. Question des voyages d'éducation coopérative en France et à l'étranger; 5. Organisation annuelle de conférences sur la Coopération à Paris et en province; 6. Documentation intéressante sur l'alimentation; 7. Ecoles ou cours spéciaux pour préparer des employés coopérateurs sérieux et conscients de leur rôle.

Malheureusement, la guerre ne nous a pas permis de discuter ces intéressantes résolutions. Au début de l'année cependant nous avions commencé l'étude de la question des vacances pour nos enfants et celle de l'évacuation des enfants de la zone des armées dans certains centres coopératifs, qui avaient même été choisis. Hélas! la guerre en jugea autrement et ce furent nos chers petits enfants de Paris qu'il fallut évacuer en province pour fuir l'action funeste des berthas et des gothas.

Il se créa à l'Hôtel de Ville un Comité de la Sauvegarde de l'Enfance qui résolut de rétribuer, à raison de 30 francs par mois et par enfant les œuvres agréées par lui et qui se chargeraient d'évacuer les enfants. La Fédération nationale fut une des œuvres admises dès la première heure pour cette touchante besogne.

Notre camarade Robin, du Secrétariat, indique, dans un rapport spécial, de quelle façon la Fédération nationale a fait fonctionner son service d'exode et quels ont été les résultats obtenus.

Le Comité d'Education, malgré les heures difficiles, a organisé une série de conférences pour faire connaître au public les bienfaits de l'œuvre de Coopération en France. Ces conférences furent faites par les membres les plus éminents de la Coopération. M. Charles Gide fit une conférence aux Sociétés Savantes sur la vie chère; notre actif secrétaire général, le citoyen Poisson, parla à la mairie du 18e sur la Coopération pendant la guerre, et notre camarade Albert Thomas, toujours fidèle au mouvement coopératif traita, au Palais des Fêtes, de l'intéressante question des œuvres éducatives de la Coopération. Malgré le canon à longue portée qui ponctua sinistrement ces conférences, de nombreux amis de la Coopération y assistèrent, attentifs et vivement intéressés par ces questions.

Nous ferons remarquer aussi que la Coopération a pris sa part dans l'institution des Pupilles de la Nation. Dans tous les départements, des délégués coopératifs ont été désignés pour les Offices départementaux et la Fédération nationale est représentée au Conseil national des Pupilles de la Nation par M. Auerbach, le distingué doyen de la Faculté des Sciences de Nancy. Certainement, tous nos délégués feront leurs efforts non seulement pour faire appliquer la loi sur les Pupilles de la Nation, mais agiront efficacement pour la réformer dans ses points défectueux.

Le service des Orphelins de la Fédération a continué de fonctionner régulièrement, et notre camarade Robin, qui a pu le suivre de très près chaque jour, pourra nous donner là-dessus les plus intéressants renseignements. Nous aurions voulu faire davantage, mais la création d'un Orphelinat, qui avait d'abord été envisagée, est extrêmement difficile à résoudre, du moins en ce moment.

Le Comité d'Education aurait voulu commencer à réaliser d'autres questions envisagées à ses premières réunions. Les événements ne nous l'ont pas permis. Mais l'avenir nous appartient et nous avons la conviction que dans l'atmosphère future et bienfaisante de la paix, nous pourrons réaliser pleinement notre idéal. Nous serons plus unis et plus clairvoyants après la grande tourmente, dans les efforts à faire pour le règne de la justice et de la solidarité qui fut toujours le rêve des sincères coopérateurs. Car nos vénérables ancêtres de Rochdale ne désiraient rien de plus que la vie matérielle, intellectuelle et morale assurée à tous avec équité, afin que tous pussent développer sans contrainte leur pouvoir de vivre et de penser dans la justice et la fraternité universelles.

Pour le Comité d'Education :

Alice JOUENNE.

EXODE DES ENFANTS

C'est avec plaisir que nous donnons ici un petit compte rendu de ce que fut l'action de la Fédération nationale pour l'exode des enfants de Paris et de la banlieue.

En effet, dès 1917, le Comité d'Education avait étudié, comme le dit d'autre part notre dévouée camarade Alice Jouenne, un programme d'une œuvre nationale de vacances. Comme, cependant, cette décision était intervenue trop tard pour pouvoir la mettre en pratique en 1917, c'est à peine si nous avions pu envoyer à la campagne quelques centaines d'enfants. Et nous avons encore présentes à la mémoire les paroles prononcées par notre camarade Albert Thomas dans une conférence au Palais des Fêtes, disant qu'il avait lu, avec peine, dans nos rapports de Congrès, combien notre action avait été insignifiante dans la réalisation de cette partie de notre programme d'œuvres sociales.

Eh bien! aujourd'hui, nous pouvons dire que nous avons fait des progrès, puisque c'est plusieurs milliers d'enfants que nous avons dirigés sur tous les départements de France qui nous étaient désignés par leur situation climatérique et aussi en évitant les localités surpeuplées.

Nos Sociétés de province acceptèrent, avec un empressement digne de tout éloge, de recevoir nos enfants de Paris. Et ce furent ces nombreux exodes à travers toute la France. Nous ne pûmes, même, répondre à toutes les demandes; mais malgré cela, nous pouvons affirmer qu'il n'y a pas une région de France où il n'y a pas de petits Parisiens.

Nous savons que parfois il y a eu quelques petites difficultés, mais cela était inévitable dans des exodes à travers tout le pays et qui comprirent plusieurs milliers d'enfants. Nous étions nous-mêmes, d'ailleurs, sous la direction de la Sauvegarde de l'Enfance, et nous ne pûmes toujours avoir la liberté d'action que nous aurions désirée. Mais ces petites vétilles ne sont rien auprès de l'immense bienfait que la Fédération nationale a rendu à la France elle-même en prenant soin de ses enfants.

Voici, citées au hasard, les localités où nous avons envoyé les convois les plus importants :

Angers, Augoulême, Pornic, Autun, Nantes, Bourg, Chalon-sur-Saône, Dax, Poitiers, Romorantin, Ruelle-sur-Touvre, Vence, St-André-le-Gaz, Saint-Brieuc, Coupy-Bellegarde, Imphy, Annonay, Montreuil-Belfroi, Roanne, Ugine, La Flèche, Limoges, Les Laumes, Mâcon, Mont-de-Marsan, Périgueux, Poitiers, Blaye, Couéron, Bayonne, Albi, Agen, Saint-Amand.

Nous ne voulons pas manquer, cependant, de signaler à nos amis toutes les difficultés éprouvées par nous pour toucher les subventions des pouvoirs publics, et c'est seulement à la suite d'une intervention du Secours National par l'organe d'un de ses membres, M. Laurent, préfet honoraire, que nous avons pu obtenir que les paiements soient activés. Nous devions cette indication aux Sociétés de province hospitalières pour justifier les retards apportés par nous dans l'envoi des mensualités.

Maintenant que notre organisation improvisée pour l'exode des enfants de Paris nous a donné tous les résultats que nous pouvions en attendre, nous avons le ferme espoir que dans l'avenir la Fédération nationale pourra se classer comme une des premières organisations françaises créant des colonies de vacances à la campagne, et après la guerre des excursions à l'étranger, comme cela figure à notre programme sur les œuvres sociales.

S. Robin.

LES ORPHELINS DE LA GUERRE

Cet important service de la F. N. C. C. a continué à fonctionner régulièrement depuis le dernier Congrès et, pour donner une idée exacte de son développement, il nous suffira d'indiquer les sommes envoyées mensuellement à nos pupilles.

Fonds du Comité d'attribution des fonds :

Août 1917	82.776	»
Septembre 1917	83.392	»
Octobre 1917	83.832	»
Novembre 1917	84.880	»
Décembre 1917	85.400	»
Janvier 1918	86.344	»
Février 1918	86.800	»
Mars	88.264	»
Avril	91.112	»
Mai	92.056	»
Juin	89.584	»
Juillet (en instance) ...... environ	90.000	»
	1.044.470	»

Pour ces trois mensualités nous sommes mandatés, mais malheureusement nous nous trouvons dans l'impossibilité - d'obtenir le paiement de ces sommes. En effet, à la suite d'une transformation des rouages administratifs due à l'organisation du Comité National des Pupilles de la Nation, la nomination d'un agent-comptable s'impose. Nous avons fait tous nos efforts pour activer cette nomination, mais nous n'avons pu obtenir que la réponse suivante :

DIRECTION ADMINISTRATIVE
des
Services de l'Enseignement

OFFICE
des
Pupilles de la Nation
du Département de la Seine
et de la Ville de Paris

Bureau provisoire :
12, Av. Trudaine, Paris (9)

Paris, le 13 Août 1918.

Monsieur le Secrétaire,

Nous déplorons profondément les lenteurs auxquels nous sommes condamnés. Notre agent comptable doit être nommé par décret sur propostion du ministre de l'Instruction publique et du ministre des Finances. Nous suivons l'affaire de bureau en bureau, nous espérons pouvoir vous donner bientôt satisfaction.

Votre réclamation n'est que trop justifiée. Croyez à tous nos regrets.

Veuillez agréer, etc.

Le Secrétaire général.

Il ne nous reste donc qu'à attendre qu'une solution intervienne.

D'autre part, nous avons envoyé les sommes suivantes pour lesquelles notre œuvre a été subventionnée par la Société américaine (*American Society for the Relief of French War Orphans*) :

Août 1917	3.400 »
Septembre 1917	6.340 »
Octobre 1917	6.340 »
Novembre 1917	6.340 »
Décembre 1917	6.340 »
Janvier 1918	6.340 »
Février 1918	6.340 »
Mars 1918	6.340 »
Avril 1918	6.340 »
Mai 1918	6.340 »
Juin 1918	6.340 »
Juillet 1918 (en instance)	6.340 »
Août 1918 (en instance)	6.340 »
	79.480 »

Cette œuvre n'accepte plus de nouveaux enfants, mais continue à subventionner les orphelins admis à ce jour.

Il ressort donc de cet exposé que nous envoyons *mensuellement* 10.000 francs de plus que l'an dernier pour le mois correspondant.

Cependant le chiffre d'orphelins présenté par nous est comparativement bien supérieur, car nous avons fait admettre à la *Fraternité Américaine*, depuis septembre 1917, plus de 1.100 enfants. Or, nos amis savent que lorsqu'un orphelin présenté par nous est admis à cette œuvre, il est immédiatement radié chez nous. C'est donc encore en plus environ 11.000 francs par mois, soit près de 135.000 francs par an, que nous avons fait obtenir en secours à nos petits, victimes de la guerre.

A l'heure actuelle, nous continuons à répartir les secours, mais nous pouvons être éventuellement dessaisis au profit des Offices départementaux, conformément à la circulaire ci-après du Comité de répartition des fonds qui nous a été adressée le 19 juillet 1918 :

Comité de répartition des fonds pour venir en aide aux Orphelins de la Guerre

Siège social : 33, rue Bonaparte, Paris (6ᵉ).

Paris, le 19 juillet 1918.

Monsieur le Secrétaire général,

En vue de répondre aux nombreuses questions qui nous sont posées et pour préciser les formalités nouvelles résultant de la constitution des Offices départementaux et des circulaires de l'Office national, nous croyons devoir, pour éviter tout retard dans l'attribution des allocations mensuelles, vous indiquer comment nous pensons que les œuvres devront procéder jusqu'à nouvel avis.

Les œuvres devront :

1° Adresser à chacun des Présidents de Sections permanentes des Offices départementaux la liste nominative des orphelins de la guerre qu'elles secouraient déjà avant le 15 juin 1918, avec leur adresse, dans le département où résident les personnes aptes à recevoir les mensualités attribuées aux enfants ;

2° Communiquer aux dites Sections permanentes des Offices départementaux, avant le 15 de chaque mois, la liste nominative, avec les renseignements prescrits par notre règlement, des nouveaux orphelins qu'elles présentent, sans avoir à renouveler la liste des enfants précédemment admis, sauf à signaler les cas de radiations ou de mutations.

Il y aura donc lieu désormais, — indépendamment de l'état initial et global des enfants déjà admis qui doit être fourni d'urgence à chaque Office départemental — d'établir chaque mois deux états nominatifs des orphelins nouvellement présentés, dont l'un nous sera adressé dans les conditions prévues par notre règlement, avec demandes et fiches familiales, *avant le* 20 de chaque mois, et l'autre sera transmis aux Offices départementaux intéressés avant le 15. Dans celui qui nous sera adressé, le Président de l'œuvre devra certifier qu'il a envoyé le double au Président de la Section permanente de l'Office départemental.

Le Comité de répartition des secours, 33, rue Bonaparte, continuera, après examen des dossiers, avis des rapporteurs et décision des membres réunis en Assemblée, à procéder, comme précédemment, aux répartitions mensuelles des crédits correspondant au nombre d'orphelins secourus, qu'ils soient ou non pupilles de la Nation.

Les états mensuels de répartition, transmis pour approbation à la section permanente de l'Office national, donneront lieu à des mandatements ordonnancés et payés par MM. les agents comptables des Offices des départements où les œuvres ont leur siège social.

Dans le cas où des Offices départementaux, après accord entre eux et certaines des œuvres d'assistance aux orphelins nécessiteux de la guerre de leur ressort, seraient autorisés, par décision de l'Office national, à distribuer eux-mêmes les secours provisoires entre les orphelins correspondants, et que votre œuvre serait comprise dans le nouveau mode de répartition, vous seriez avisé officiellement en temps utile. Vous continuerez néanmoins, pour ordre, à envoyer, avant le 20 de chaque mois, le double de l'état nominatif, 33, rue Bonaparte, pour vérification des doubles emplois avec les autres œuvres.

Dans tous les cas, le Comité de répartition continue à recevoir les demandes mensuelles, modifiées simplement par la procédure indiquée ci-dessus, et statue dans ses réunions périodiques sur les dites requêtes.

Veuillez agréer, etc.

Pour le Comité :

<table>
<tr><td>Le Secrétaire général,</td><td>Le Président,</td></tr>
<tr><td>F. LAVIGNON.</td><td>P. APPELL.</td></tr>
</table>

Pour nous résumer, c'est donc 1.258.950 francs, soit :

Fonds provenant du Comité d'attribution des Fonds	1.044.470 »
de la Société Américaine	79.480 »
de la Fraternité Américaine	135.000 »
Soit un total de	1.258.950 »

que la Fédération nationale a distribué en moins d'un an, et de tels chiffres suffisent à démontrer que notre organisation n'a pas failli à son programme de solidarité et d'entr'aide sociales et à sa devise: « Tous pour un, un pour tous! »

Nous ajouterons, du reste, que nous sommes l'œuvre de France la plus importante et qui distribue le plus de secours, soit à Paris, soit en province, aux orphelins de la guerre.

LIBRAIRIE

Depuis le dernier Congrès national, notre service de librairie s'est organisé définitivement.

Nous avons publié le compte rendu du Congrès 1917 et de la manifestation du Trocadéro. Aujourd'hui, ces deux éditions sont épuisées.

D'autre part, nous nous sommes occupés du placement de la brochure de notre ami Daumal (des Ardennes), sur la « Reconstitution agricole des Régions envahies ».

Nous avons décidé de faire paraître deux catalogues, l'un de librairie coopérative, l'autre de librairie générale. Nous avons rencontré de grandes difficultés pour obtenir des prix de nos éditeurs, mais, néanmoins, notre catalogue de librairie coopérative est maintenant prêt et il se trouvera à la disposition des coopérateurs à la librairie qui se trouvera à l'entrée du Congrès.

Quant à notre catalogue de librairie générale, nous n'avons pu encore réunir toute la documentation utile, mais nous pensons être en mesure de le publier incessamment.

Notre service a édité en brochures les conférences faites par nos amis Poisson et Ch. Gide; la première sur l' « Evolution Coopérative » et la seconde sur la « Hausse des Prix ».

La brochure de Poisson va être épuisée et quant à celle de M. Ch. Gide, qui vient de sortir de l'imprimerie, nous recevons à l'heure présente des demandes nombreuses qui nous font bien augurer pour l'avenir.

Poisson a écrit une brochure intitulée : « Comment fonder une Coopérative », éditée par la librairie Grasset. Nous avons souscrit à 1.000 de ces brochures et la maison Grasset entreprend une propagande pour son écoulement en donnant notre adresse pour les commandes.

Le rapport financier publié d'autre part, indique quelle est la situation financière de notre librairie, qui se présentera d'une façon plus favorable pour le prochain exercice.

Rapport sur l'Office Technique
de la Fédération nationale des Coopératives

L'activité de l'Office Technique de la Fédération nationale a été des plus importantes au cours de l'année. Nous vous présentons le résumé de ses importants travaux.

L'*Action Coopérative* a publié au fur et à mesure son action et les résultats obtenus.

Albert Thomas a été nommé secrétaire de l'Office Technique et Henri Sellier, secrétaire adjoint.

L'Office Technique s'est occupé tout d'abord de la Commission de crédit instituée par la loi de 1917 au ministère du Travail. Il a adopté un rapport de Poisson fixant, d'après les conditions du Congrès National, dans quelles conditions les demandes d'avances remboursables seraient accordées aux Sociétés.

Ce rapport a été publié dans l'*Action Coopérative*.

Il a été adopté par la Commission supérieure qui s'est réunie plusieurs fois au cours de l'année et a accordé un certain nombre de demandes et admis le Magasin de Gros des Coopératives, conformément à l'article 12 de la loi, comme organe chargé de répartir les avances et de s'occuper de leur répartition.

L'Office Technique a, de plus, examiné la mise au point de statuts types de la Fédération nationale, qui ont été également adoptés par le Ministère du Travail. La Commission supérieure de la loi de crédit a élaboré des statuts pour Sociétés départementales de fusion.

L'Office Technique a mis au point un projet de Fauquet pour l'exonération des Sociétés coopératives en matière de bénéfices de guerre (lire l'*Action Coopérative*).

Le Groupe des Coopérateurs à la Chambre a été chargé de poursuivre la réalisation de ce projet qui jusqu'ici n'a pas été encore voté.

L'Office Technique a préparé, sur la proposition de Gaston Lévy, un texte pour modification des lois de 1867 et 1917 sur les Coopératives, texte publié dans l'*Action Coopérative*, et permettant aux Sociétés coopératives d'augmenter leur capital de plus de 200.000 francs en une année.

L'Office Technique a proposé une modification à l'article 12 de la loi qui peut prêter à deux fins utiles. Le Ministère a fait siennes les propositions de la Fédération nationale et doit déposer un projet en ce sens.

L'Office Technique a étudié et mis au point, conformément aux décisions du Congrès national, une loi permettant l'action des municipalités et des départements en matière de ravitaillement sous forme d'Offices publics d'alimentation. Albert Thomas a déposé ce projet devant la Chambre et il est aujourd'hui distribué. Ce projet est inséré dans l'*Action Coopérative*.

L'Office Technique a adopté un rapport de Fauquet pour l'établissement de statistiques locales. Ce rapport a été soumis au Ministère du Travail. En ce qui concerne les statistiques à établir par la Fédération nationale, il a indiqué les lignes directives d'une statistique générale.

Le Conseil unique a décidé l'application de cette mesure mais, malheureusement, jusqu'ici, les difficultés d'ordre matériel n'ont pas permis l'exécution de ce travail.

L'Office Technique a examiné l'établissement de bilans types, de comptes d'exploitation types pour sociétés. Il a déterminé l'étude des bilans, aujourd'hui mise au point. En ce moment, il reste encore à régler la question des comptes d'exploitation.

L'Office Technique a suivi de près les travaux de l'Office central des Vivres, constitué au Ministère du Ravitaillement. Nos amis Waseige, Poisson et Isidore Lévy représentent le mouvement coopératif à cet Office. Les trois plus grosses questions examinées par l'Office central sont :

1° La question de la carte d'alimentation;
2° La question du contingentement des denrées;
3° La question des restrictions de la viande.

En effet, ces trois questions ont toujours été l'objet de ses études. Le Conseil unique a toujours approuvé ses décisions.

L'Office Technique s'est occupé également de la question des économats. Il a décidé au Comité confédéral de détacher les rapports généraux de la Fédération nationale pour un examen au Congrès. Un rapport a été fait par Poisson pour le Ministère de l'Armement et un ordre du jour a été voté.

Le Conseil unique, de son côté, sur cette question, a voté un ordre du jour publié par ailleurs. Le Ministère du Travail a promis d'examiner la question à la prochaine réunion du Congrès supérieur de la Coopération.

L'Office Technique a examiné les différents décrets pour le Conseil supérieur de la Coopération. Ses avis ont toujours été accueillis favorablement par le Ministère du Travail.

Le Conseil supérieur de la Coopération doit prochainement tenir ses assises avant ou après le Congrès national. Les questions suivantes doivent être étudiées : Economats, Offices publics d'alimentation, modifications à la loi de 1917, application de la loi des patentes aux Coopératives.

Le Conseil supérieur de la Coopération a été élu courant juillet et la liste de la Fédération nationale a passé à la presque unanimité des participants. Le secrétariat de la Fédération nationale avait été chargé de remplir les formalités pour que le plus grand nombre de sociétés puisse participer à l'élection.

L'Office Technique a, à l'heure actuelle, plusieurs projets en étude. Projet de création d'écoles coopératives pour l'éducation générale des coopérateurs pour Paris et la banlieue. Il a, de plus, décidé d'étudier spécialement la création d'une école d'employés pour laquelle Gaston Lévy a été nommé rapporteur.

Enfin, l'Office Technique a suivi de près la question des Coopératives militaires et s'est adressé au Ministère des Finances pour différentes précisions sur l'application de la taxe de luxe. Il s'est occupé également de l'établissement de statuts types pour habitations à bon marché et de cités-jardins. Ces initiatives sont prises en collaboration avec l'Office d'habitations à bon marché de la Fédération nationale, qui, ensuite, pourra commencer utilement ses travaux et son action.

Rapport sur le Comité des Régions envahies

La Fédération nationale des Coopératives s'est préoccupée, dès l'année 1916, de la situation des Coopératives dans les régions envahies, ayant le souci :

1° De ne pas laisser se perdre le fruit des efforts accomplis par les Sociétés coopératives ;

2° De faciliter le plus rapidement possible l'alimentation des habitants des régions envahies, au fur et à mesure de leur libération.

A cet effet, profitant du concours du Congrès interallié qui s'est tenu en 1916, il a été constitué un Comité des régions envahies, à la collaboration duquel ont été appelés un certain nombre de personnalités influentes, des représentants qualifiés des organisations centrales de la Coopération.

Les organisations anglaises, qui assistaient à ce Congrès, ont promis tout leur concours pour aider à la reconstitution des Coopératives belges et françaises; une souscription a été ouverte entre toutes les Coopératives importantes, dont la répartition a été prévue par le Comité des régions envahies sous la forme d'aide à la constitution de Coopératives régionales départementales et de facilités accordées aux anciens coopérateurs d'adhérer à ces Coopératives régionales.

Des Sociétés régionales ont été constituées pour les départements du Nord, du Pas-de-Calais, pour le département des Ardennes et sont en voie de constitution pour les départements de la Marne, de la Meuse, de l'Aisne et de la Meurthe-et-Moselle.

L'Union des Coopératives du Pas-de-Calais, dont le siège est à Calonne-Ricouart, a déjà commencé son organisation et son œuvre de secours en groupant les besoins de tous les mineurs de la région et en organisant des succursales dans toute la région non envahie dans laquelle sont venus se réfugier une grande partie des habitants, après l'offensive allemande de mars 1918.

Pour le département de la Somme, l'*Union* d'Amiens avait été chargée de la réorganisation du département et avait déjà constitué une filiale à Albert qui, malheureusement, a été à son tour détruite par la dernière invasion.

Pour le département de l'Aisne, la Société de Villers-Cotterets avait un plan d'organisation, qui n'a pu encore être mis à exécution.

Enfin pour le département de l'Oise, où il n'existait pas d'organisations coopératives importantes, capables d'assurer l'organisation et l'alimentation de succursales dans les régions nouvellement libérées, à la date du 27 juin 1917, le Comité interministériel pour la reconstitution des régions envahies, avait proposé et fait accepter par le Ministre de l'Intérieur de confier à l'*Union des Coopératives*, de Paris le soin de ravitailler une partie des régions libérées, particulièrement dans le département de l'Oise.

Sept succursales avaient été prévues et étaient installées, l'une d'entre elles ouverte depuis deux mois, lorsque l'offensive de mars 1918 a momentanément arrêté la mise en exécution du plan prévu par les autorités administratives du département de l'Oise, sur propositions de l'*Union des Coopératives*.

Il s'agit maintenant de reprendre à pied d'œuvre ce qui avait été tenté et il semble qu'il suffit d'employer la même méthode pour aboutir à un résultat qui, élargi, sera, espérons-le, définitif.

Il conviendrait, tout d'abord, de déterminer quelles seraient les organisations coopératives existantes qui seraient chargées, chacune dans sa sphère, de l'organisation que nous indiquerons plus loin:

1° Dans la région du Pas-de-Calais, avec l'*Union des Coopératives du Pas-de-Calais*, dont le siège est à Calonne-Ricouart;

2° Pour la Somme, avec l'*Union* d'Amiens, dont le siège est de nouveau à Amiens;

3° Pour l'Oise, l'*Union des Coopératives*, 13, rue de l'Entrepôt, à Paris;

4° Pour le sud de l'Aisne, la *Coopérative*, de Villers-Cotterets;

5° Eventuellement pour le Nord, avec la Société régionale constituée; pour les Ardennes, avec la Société régionale constituée ; pour la Marne, avec la société *La Populaire rémoise*, qui servira de pivot à la constitution de la Société régionale prévue ; pour la Meurthe-et-Moselle et la Meuse, avec la *Ruche Nancéenne* et l'*Union Lorraine*, de Nancy; dans les Vosges, avec la *Fédération des Vosges*.

Pour l'Alsace et la Lorraine, ce sera la *Fédération nationale* qui constituera deux Sociétés spécialement réservées à cet effet.

Une fois prévues les organisations capables d'assurer ces services, il y aura nécessité d'une entente immédiate entre l'administration préfectorale de chaque département et les Sociétés coopératives intéressées.

En ce qui concerne les localités où des magasins devront être réouverts ou ouverts, là où l'on trouvera encore des locaux fixes, on les choisira de préférence. Là où on ne trouvera rien, des baraques démontables devront être immédiatement mises à la disposition des Sociétés, comme cela a été fait, mais assez lentement pour l'*Union des Coopératives*, dans sa tentative de reconstitution dans le département de l'Oise, région de Noyon.

Le Ministère du Ravitaillement devra faire assurer par les services du Ministère des Transports les moyens nécessaires pour faire parvenir dans les gares centrales les plus proches, les wagons de marchandises nécessaires au ravitaillement.

Quelques hommes nécessaires à l'exploitation de ces différents services devront être mis en sursis, choisis dans les R. A. T. et auxiliaires par les soins du Ministère du Ravitaillement.

Le réapprovisionnement général pourrait être assuré par une avance faite au Magasin de Gros des Coopératives de France, dans les mêmes conditions que les avances consenties aux Chambres de Commerce.

En ce qui concerne les installations des magasins, la Commission interministérielle des régions envahies avait estimé, dans le rapport présenté à cet effet par M. Théodore Tissier, conseiller d'Etat, que les Sociétés coopératives ne pouvaient créer à leurs propres frais des magasins dans les communes où ceux-ci auront été reconnus nécessaires par une entente entre les pouvoirs publics et les représentants des Sociétés coopératives, ni engager des dépenses de premier établissement que ces créations nécessiteraient, sur les fonds qu'elles peuvent avoir de disponibles et qui ont une autre affectation. On ne saurait, disait M. Tissier, dans son rapport, leur imposer des sacrifices pour l'organisation des services qu'on attend d'elles, il faut donc prévoir des subsides, soit des subventions ou des avances.

La Commission interministérielle des régions envahies avait estimé que le crédit prévu au chapitre 53 du Ministère de l'Intérieur ainsi libellé : « Secours d'extrême urgence dans les départements atteints par les événements de guerre » était celui sur lequel les subventions ou avances pouvaient être prises.

La Commission estimait que c'était sur le premier article de ce chapitre « Avances aux départements en vue d'approvisionnements de denrées alimentaires destinées aux régions envahies » qui signifie en fait « Avances aux Préfets », que les fonds pouvaient être prélevés; ces fonds sont, en effet, mis à leur disposition sur un compte hors budget et les Préfets peuvent assurer ainsi par leurs propres moyens le ravitaillement des populations ; ils pourraient d'autant plus y pourvoir dorénavant avec le concours des Coopératives de consommation.

Il a paru, en effet, normal à la Commission d'envisager que l'Etat puisse subventionner sur le crédit en question, une organisation qui le déchargera d'une partie des dépenses que ce crédit lui servirait à acquitter intégralement, à défaut de cette collaboration.

Une fois les magasins installés et l'approvisionnement des marchandises assuré, ainsi que le transport de ces marchandises jusqu'aux gares centrales les plus proches, il sera nécessaire d'obtenir :

1° Des généraux commandants d'étapes, l'autorisation de vente de toutes les marchandises (y compris le vin);

2° La mise en rapport avec les autorités militaires pour assurer, par camions automobiles, les transports locaux des gares aux magasins créés.

Les Sociétés coopératives ayant été mises à même d'assurer ainsi l'organisation du ravitaillement, grâce aux avances ou subventions faites par l'Etat par l'intermédiaire des Préfets, prendront à leurs risques et périls les frais d'exploitation et le renouvellement des stocks.

Cependant, au cas d'ailleurs improbable, où un nouveau recul de nos troupes obligerait à une évacuation nouvelle, si les subsides fournis aux Sociétés coopératives l'ont été sous forme d'avances, l'Etat s'engagerait à ne rien réclamer pour les pertes qui auraient été subies.

Dans le cas, au contraire, qui sera probablement réalisé, où les magasins pourront devenir définitifs, on pourrait envisager la possibilité du remboursement des avances ou tout au moins, ce qui paraîtrait encore préférable, la consolidation des magasins créés ainsi provisoirement en magasins définitifs.

On trouvera, d'autre part, la situation financière du Comité des régions envahies. Nous ajouterons encore qu'à ce jour, les souscriptions se montent à plus de 300.000 francs, sans compter la souscription anglaise, ni le Secours National.

Nous allons nous employer à faire rentrer ces sommes de façon à avoir des disponibilités au moment où il faudra entreprendre l'action au fur et à mesure du désenvahissement.

Nous avons eu à déplorer, au cours de cette année, la mort d'un des membres les plus actifs de notre Comité, M. Albert Métin, ancien ministre, décédé au cours d'une mission qu'il accomplissait pour le gouvernement français.

QUESTION DU RAVITAILLEMENT

Les Institutions du Ministère de l'Armement

Limitée tout d'abord aux questions relatives à l'organisation de cantines et de restaurants dans les centres où le développement des fabrications de guerre amenait un afflux considérable de population, la question de l'alimentation et, en général, de l'approvisionnement du personnel des usines de guerre a pris un intérêt croissant au fur et à mesure que la prolongation de la guerre a rendu plus difficiles les conditions générales de ravitaillement.

L'augmentation du prix de la vie a rendu nécessaire une revision des tarifs de salaires, mais il est apparu rapidement que cette révision resterait partiellement ou même totalement inefficace si des mesures n'étaient pas prises pour assurer, à des conditions de prix modérées et stables, l'approvisionnement du personnel des usines de guerre. Il importait, notamment, de mettre fin, par l'organisation et le développement d'institutions régulatrices des prix, aux prétentions abusives des commerçants locaux qui, à la suite des relèvements de salaires, voire même à l'annonce des pourparlers engagés en vue de cette révision, augmentaient leurs prix et frustraient ainsi les ouvriers consommateurs du bénéfice des réajustements de tarif consentis par l'Etat et les industriels.

Trois sortes d'institutions contribuent à assurer, soit l'alimentation en commun, soit l'approvisionnement du personnel des usines de guerre :

1° Les restaurants et magasins dépendant de Sociétés coopératives de consommation ;

2° Les organismes dénommés « *ordinaires* » qui, dans les établissements de l'Etat, assurent, sous l'autorité des directeurs des établissements, l'alimentation en commun des ouvriers mobilisés et, éventuellement, des autres catégories de personnel ;

3° Les *institutions patronales*, cantines et magasins, que les circonstances de guerre ont amené les chefs d'industrie à annexer à leurs établissements.

Une enquête poursuivie au cours du deuxième trimestre 1918 auprès des directeurs des établissements de l'Etat et des contrôleurs de la main-d'œuvre a donné, sur le nombre des institutions de ravitaillement et l'importance de leur chiffre d'affaires, les renseignements d'ensemble ci-après :

1° *Nombre d'institutions*

(Les chiffres entre parenthèses donnent le nombre des institutions qui ont fait connaître leur chiffre d'affaires.)

CATÉGORIES D'INSTITUTIONS	RESTAURANTS		MAGASINS		ENSEMBLE	
Institutions coopératives	119	(112)	813	(748)	932	(860)
Ordinaires des établissements de l'Etat . . .	42	(42	3	(3)	45	(45)
Institutions patronales	161	(161	167	(141)	328	(282)
Ensemble	322	295)	983	(802)	1.305	(1.187)

Quelques-uns de ces chiffres peuvent être utilement rapprochés de ceux qui ont été donnés par une enquête poursuivie au cours du deuxième trimestre 1917, enquête moins complète qui avait porté principalement sur les cantines et restaurants.

De 1917 à 1918, le nombre des restaurants coopératifs est passé de 71 à 119 et le nombre des restaurants patronaux de 115 à 161.

2° Chiffre d'affaires du 1ᵉʳ trimestre 1918.

CATÉGORIES D'INSTITUTIONS	RESTAURANTS	MAGASINS	ENSEMBLE
	Francs	Francs	Francs
Institutions coopératives	7.866.057	83 805.459	91.672.116
Ordinaires.	4.298.724	645.304	4.944.028
Institutions patronales	6.807.436	9.263.991	16.071.427
	18.972.817	93.714.754	112.687.571

A) Conditions générales de développement des Coopératives

Les institutions coopératives qui ont été recensées au cours de l'enquête dont les résultats d'ensemble viennent d'être donnés, comprennent toutes les institutions des Sociétés coopératives de consommation dont la clientèle — sociétaires, adhérents et clients habituels — est composée, soit exclusivement, soit pour une fraction notable, d'ouvriers travaillant pour la Défense nationale (Personnel des établissements de l'artillerie et des poudres, des usines de munitions et de matériel de guerre, des mines et des chemins de fer).

Les chiffres ci-après mettent en évidence le développement de ces Sociétés pendant la guerre.

Sur 860 institutions ayant fait connaître leur chiffre d'affaires :

a) 444 institutions, dont 108 restaurants, ont été créés pendant la guerre et ont fait, au cours du premier trimestre 1918, un chiffre d'affaires de 45.580.478 francs.

b) 416 institutions, dont 4 restaurants, existaient avant la guerre. Leur chiffre d'affaires trimestriel, qui était en 1913 de 20.424.102 francs, s'est élevé pendant le premier trimestre 1918 à 46.091.638 francs.

Des résultats plus importants auraient sans doute pu être obtenus si la nécessité de coordonner et d'associer tous les efforts — nécessité chaque jour mieux comprise des milieux qui ont une expérience coopérative ancienne — avait été également reconnue des nombreux consommateurs que les circonstances exceptionnelles de la guerre ont, pour la première fois, orientés vers la Coopération. Trop souvent des Sociétés nouvelles ont été constituées alors qu'il eût été préférable de contribuer à accroître la puissance et les moyens d'action de Sociétés anciennes.

Les services de la direction de la main-d'œuvre, en mettant à la disposition des intéressés tous renseignements utiles sur la constitution et le fonctionnement des Sociétés coopératives, se sont efforcés de les détourner de toute création nouvelle qui n'était pas justifiée par les conditions locales. C'est dans ce sens que des instructions ont été adressées aux contrôleurs de la main-d'œuvre (*Action Coopérative* du 4 février 1918).

Dans plusieurs centres, et notamment parmi les Sociétés anciennes, le mouvement, déjà ébauché avant la guerre, en faveur d'une organisation moins dispersée, s'accélère sous la pression des cir-

'constances qui rendent plus sensible l'insuffisance des moyens d'action des petites organisations.

Ce mouvement s'affirme sous deux formes différentes : ou bien par la constitution de Sociétés régionales à établissements multiples par fusion de Sociétés anciennes, ou bien par la constitution d'unions entre les Sociétés d'un même centre.

Parmi les Sociétés coopératives à établissements multiples, citons :

Dans la région parisienne, *l'Union des Coopératives de Paris* (45 restaurants d'usines de guerre, 58 épiceries, 59 boucheries), *l'Union des Coopérateurs Parisiens* (2 restaurants, 18 magasins), *l'Union des Consommateurs de la Banlieue-Nord* (5 restaurants, 20 magasins), *l'Union des Consommateurs de la Banlieue-Sud* (2 restaurants, 9 magasins), *la Société des Restaurants ouvriers de Suresnes-Puteaux* (8 restaurants), *la Revendication de Puteaux* (13 magasins), *l'Union de Boulogne* (3 restaurants, 4 magasins) ; en province, *la Solidarité Sottevillaise* (1 restaurant 13 magasins), *l'Union Lorientaise* (17 magasins), *l'Union Coopérative du Sud-Ouest*, à Bordeaux (20 magasins), *l'Avenir Régional de Lyon* (16 magasins). Des Sociétés régionales sont, en outre, en voie de constitution, par fusion de Sociétés, dans la Loire-Inférieure, le Maine-et-Loire, le Pas-de-Calais, la Charente-Inférieure et les Bouches-du-Rhône.

D'autre part, des Unions de Sociétés se sont constituées dans l'Aveyron (18 Sociétés), à Tarbes (5 Sociétés), dans la Nièvre (12 Sociétés), à Toulouse (7 Sociétés), en Meurthe-et-Moselle (17 Sociétés), en Franche-Comté (35 Sociétés), à Bourges (14 Sociétés), à Saint-Chamas (6 Sociétés), à Saint-Chamas et dans la vallée du Gier (8 Sociétés).

Il y a lieu de souhaiter que les Sociétés qui n'ont constitué entre elles que des groupements d'achats en commun comprennent l'intérêt que présenterait un rapprochement plus étroit allant jusqu'à la fusion des Sociétés associées. Seule, en effet, la Société coopérative à établissements multiples joint aux avantages des achats et transports par grandes quantités, les avantages d'une organisation rationnelle de la distribution en détail. Elle seule permet une extension rapide de la coopération par la création successive de nouvelles succursales confiées à des gérants responsables.

B) Conventions entre les établissements de l'Etat et les Sociétés coopératives

Il existait, avant la guerre, principalement dans les établissements des poudres, des Sociétés coopératives constituées entre les ouvriers du personnel permanent de ces établissements.

La plupart de ces Sociétés, d'un type ancien, avaient conservé des méthodes d'organisation désuètes, notamment le système de la vente à crédit. Ces Sociétés ont fait, pendant la guerre, sauf quelques rares exceptions, un effort sérieux pour moderniser leurs méthodes et se rendre capables de rendre service, non seulement à leurs sociétaires, mais aussi aux nombreux ouvriers mobilisés et aux ouvrières qui sont venus augmenter dans des proportions souvent considérables le personnel des établissements de l'Etat.

Le personnel des établissements de l'artillerie n'avait généralement pas constitué de Sociétés coopératives à base professionnelle, mais il s'était affilié aux Coopératives ouvertes à tous les consommateurs, dans les grands centres où sont généralement situés les établissements de l'artillerie.

Le nombre des institutions coopératives situées à l'intérieur ou à proximité des établissements de l'État s'élève actuellement à 40, dont 16 restaurants et 24 magasins d'approvisionnement. Ces 40 restaurants ou magasins dépendent de 26 Sociétés coopératives. Leur chiffre d'affaires, pour le 1er trimestre 1918, s'est élevé à 4.073.010 francs.

10 des magasins indiqués ci-dessus (2 pour l'artillerie, 8 pour les poudres) existaient avant la guerre et faisaient un chiffre d'affaires trimestriel de 272.700 francs. Quant aux restaurants, ils ont tous été créés pendant la guerre.

C) Rapport des Sociétés coopératives avec les chefs d'industrie

Des résultats importants ont été obtenus depuis le début de la guerre, par la collaboration qui s'est établie, sous des formes diverses, entre les Sociétés coopératives et les chefs d'industrie et leur personnel.

Cette collaboration s'est tout d'abord réalisée pour la création de restaurants, et, plus récemment, lorsque les difficultés de ravitaillement se sont accrues, pour la création de magasins d'approvisionnement.

L'aide apportée par les industriels a consisté soit en subventions en espèces ou en nature (terrains, locaux aménagés), soit en prêts ou en ouvertures de crédit.

Les ouvertures de crédit en banque mettent à la disposition des Sociétés coopératives des moyens d'action plus importants que ne peuvent l'être les subventions nécessairement plus restreintes. D'autre part, c'est la prétention même des Sociétés coopératives de ne pas vivre de libéralités, mais d'assurer leur équilibre financier par une sage administration, sauf à recourir, comme toute entreprise en progrès continu, aux capitaux de crédit nécessaires au développement de leurs services. Au reste, la philanthropie patronale peut se manifester sous une autre forme qui n'a pas les inconvénients de la libéralité faite directement à la Société coopérative : c'est ainsi que plusieurs industriels, dans les différents centres, ont encouragé et aidé leurs ouvriers à souscrire des actions de la Société coopérative, comme ils les avaient aidés et encouragés à souscrire aux emprunts de la Défense nationale, le montant de l'action étant avancé aux ouvriers par l'industriel et souvent supporté partiellement par lui.

Des contrats passés entre les associations d'industriels et les Sociétés coopératives stipulent généralement que ces restaurants seront réservés, en principe, aux ouvriers des industriels composant l'association et auxquels des cartes spéciales sont remises, la Société coopérative conservant le droit d'admettre d'autres consommateurs dans la limite des places disponibles. De même, en ce qui concerne les magasins d'approvisionnement, des avantages particuliers sont réservés au personnel des usines intéressées, notamment dans la répartition des denrées provenant de l'Office de l'alimentation des usines de guerre (voir plus loin les conditions de fonctionnement de cet Office); toutefois, les Sociétés contractantes conservent, même pour les institutions créées avec l'aide des industriels, leur caractère de Sociétés ouvertes à tous les consommateurs. C'est à cette condition qu'elles peuvent non seulement protéger ceux qui s'adressent directement à elles, mais aussi exercer au profit de tous, sur le marché local, une influence régulatrice des prix.

En dehors de l'aide qu'elles ont trouvée auprès d'industriels groupés en associations, des concours sont venus aux Sociétés coopératives de la part d'industriels isolés. D'autres fois, les industriels ont encouragé la création de Sociétés réservées exclusivement à leur personnel.

Des conditions locales peuvent rendre nécessaire la création de Sociétés spéciales au personnel d'un établissement. En général, il sera préférable d'admettre, dans la Coopérative nouvelle dont la création sera reconnue nécessaire, les ouvriers des usines voisines et, en général, tous consommateurs. A moins, en effet, que l'établissement ne groupe un personnel considérable, la Société d'usine n'aura que des moyens d'action limités. Elle n'aura pas, d'autre part, sur le marché local, la même influence régulatrice qu'une Société ouverte. N'y a-t-il pas lieu, enfin, de redouter qu'un jour ou l'autre, la critique de ses conditions de fonctionnement, comme de l'importance du concours que lui donne l'industriel, ne vienne compliquer les différends qui peuvent naître du travail ou que ces différends eux-mêmes ne nuisent à la bonne marche de l'institution coopérative ?

D) Avances remboursables aux organisations qui ont pour but d'améliorer le bien-être du personnel des usines de guerre

La loi du 7 mai 1917 a donné aux Sociétés coopératives une définition légale et leur a accordé le bénéfice d'avances à faible intérêt sur les crédits inscrits au budget du Ministère du Travail ainsi que sur les ressources d'un fonds de dotation spécial institué par une loi de la même date.

Il importe que les Sociétés coopératives évitent de confondre les avances remboursables du Ministère du Travail avec les avances remboursables que le Ministère de l'Armement peut accorder sur les crédits mis à sa disposition par la loi du 29 juin 1917. Bien qu'en fait les avances du Ministère de l'Armement intéressent plus particulièrement les Sociétés coopératives, il y a lieu d'observer qu'elles peuvent être accordées à toute organisation qui, quel que soit le régime légal d'où elle tire sa capacité juridique, a pour but d'améliorer les conditions d'alimentation ou de logement du personnel des usines de guerre.

Un arrêté du Ministre de l'Armement, en date du 28 octobre 1917, a déterminé les conditions dans lesquelles les demandes d'avances doivent être établies ainsi que les conditions à passer entre l'Etat et les Sociétés ou associations bénéficiaires.

Aux termes de cet arrêté, les avances portent un intérêt de 2 p. 100 l'an et doivent être remboursées dans un délai maximum de cinq années par versements échelonnés. Les avances sont accordées par décision du Ministre, après avis de la section permanente de la Commission consultative du Travail dans les établissements dépendant du Ministère de l'Armement.

Les crédits pour avances remboursables inscrits au budget du Ministère de l'Armement se sont élevés :

1° En 1917, à 600.000 francs sur lesquels 388.000 francs seulement ont pu être employés en raison du court délai qui s'est écoulé entre l'arrêté du 28 octobre 1917 et la clôture de l'exercice;

2° En 1918, les crédits se sont élevés à 200.000 francs pour le premier trimestre et à 700.000 francs pour chacun des deuxième et troisième trimestres.

Actuellement, le nombre des Sociétés ou Associations qui ont bénéficié d'avances remboursables s'élève à 38 pour un montant total d'avances accordées s'élevant à 1.498.000 francs.

Les Sociétés bénéficiaires assurent le fonctionnement de 54 restaurants d'usines de guerre servant par jour environ 66.000 repas (dont 18 restaurants, servant 23.400 repas dans les établissements de l'artillerie et des poudres). Elles ont créé, en outre, 156 épiceries, boulangeries et boucheries servant spécialement aux ouvriers des usines de guerre.

Parmi ces Sociétés 23 ont été créées pendant la guerre et font actuellement un chiffre d'affaires annuel qui s'élève à 14. millions 688.000 francs.

Les autres Sociétés faisaient avant la guerre un chiffre d'affaires de 8.737.000 francs; leur chiffre d'affaires actuel, calculé sur la base du chiffre d'affaires du premier trimestre de 1918, s'élève à 21 millions 656.000 francs.

La section permanente s'est posée comme règle de n'accorder les avances demandées que dans les limites de la moitié de l'actif net (non compris le capital souscrit et non versé) sauf dans les cas exceptionnels où l'appui accordé à une Société de création nouvelle est nécessaire pour donner satisfaction à des besoins particulièrement urgents.

Dans l'ensemble, le total des avances accordées représente 36 p. 100 environ de l'actif net des Sociétés débitrices.

Les demandes d'avances remboursables sont instruites par les soins de la direction de la main-d'œuvre (4° section) avant d'être soumises, pour avis, à la section permanente.

Cet examen préalable porte sur les documents constitutifs du dossier qui sont, d'une part, des documents comptables, bilan et compte d'exploitation, et, d'autre part, les documents d'ordre juridique, statuts et publications légales.

Office de l'alimentation des usines de guerre

Dans le but de faciliter aux institutions de ravitaillement du personnel des usines de guerre l'acquisition et le transport des denrées qui leur sont nécessaires, une décision ministérielle en date du 24 juillet 1917 a créé au Ministère de l'Armement un service appelé « Office de l'alimentation du personnel des Usines de guerre ». En même temps, étaient constitués quarante-deux groupes régionaux dont les chefs assurent la liaison entre les institutions locales, coopératives ou patronales, et l'Office institué au Ministère de l'Armement. Cet Office a pour but d'aider les institutions de ravitaillement du personnel des usines de guerre dans leurs achats et pour l'obtention des moyens de transport. Il intervient spécialement, lorsqu'il est reconnu que le prix de certaines denrées indispensables est majoré ou bien qu'il y a localement déficit de quantité.

Le montant des affaires traitées par l'intermédiaire de l'Office d'alimentation et avec l'appui et le concours des services de l'Intendance et du Ravitaillement, s'est élevé à :

1.604.462 francs en septembre 1917.
1.907.034 — en octobre 1917.
3.896.427 — en novembre 1917.
3.207.327 — en décembre 1917.
3.567.346 — en janvier 1918.
4.540.209 — en février 1918.
4.705.926 — en mars 1918.
3.587.271 — en avril 1918.
6.343.916 — en mai 1918.
7.084.531 — en juin 1918.
7.701.826 — en juillet 1918.

Les résultats obtenus par l'Office de l'Alimentation ont été particulièrement importants pour certaines denrées.

C'est ainsi que 1.365.000 kilos de pâtes alimentaires et 4.275.000 kilos de chocolat ont pu être cédés aux institutions coopératives ou patronales rattachées à l'Office malgré la pénurie des matières premières. De même, 2 millions de kilos de riz et des quantités importantes de saindoux, huile, haricots et lentilles ont pu être répartis par l'intermédiare des groupes régionaux.

En ce qui concerne le vin, qui constitue un élément important du chiffre d'affaires des Coopératives et autres institutions de ravitaillement, 280.000 hectolitres ont pu être distribués à un prix inférieur d'au moins 30 francs à celui du commerce.

Enfin, des facilités importantes de transport ont été obtenues en faveur des institutions rattachées à l'Office de l'Alimentation.

Fonds coopératif des usines de guerre

L'association privée « Le Fonds coopératif des Usines de guerre » a été constituée en 1915, sous le patronage du Ministre de l'Armement, dans le but d'encourager le développement des institutions coopératives qui intéressent les ouvriers travaillant pour la défene nationale.

Alors que le Ministère de l'Armement ne disposait pas encore de crédits pour avances remboursables, le « Fonds coopératif » a pu, à l'aide des dons et souscriptions qu'il a recueillis, distribuer aux organisations coopératives, des subventions et prêts qui se sont élevés à 214.500 francs. Ces subventions et prêts ont encouragé et stimulé, à ses débuts, le mouvement en faveur de la création des restaurants d'usines de guerre.

En dehors du concours financier nécessairement limité qu'il peut accorder aux Sociétés coopératives, le « Fonds coopératif », composé de philanthropes, de représentants des grands groupements industriels et de représentants de la Fédération Nationale des Coopératives, pourra contribuer efficacement à faire connaître et à généraliser les heureux résultats obtenus pendant la guerre, avec le concours de l'État et des industriels, en vue de l'organisation coopérative de la consommation ouvrière.

Questions posées à propos des Rapports

Question I. — Election aux Offices départementaux des Pupilles de la Nation.

ROUSSEAU. — Nous avons été très heureux de constater que le Comité confédéral a protesté contre la manière dont l'administration a laissé évincer les représentants des éléments prolétariens, coopératifs en particulier, des offices départementaux des pupilles. Mais votre protestation est restée platonique ; je vous propose de faire davantage.

Considérant que le Parlement a décidé que toutes les élections étaient suspendues jusqu'au sixième mois après la cessation des hostilités ;

Que des centaines de mille sinon des millions de poilus reviendront d'Allemagne tuberculeux et que leurs enfants auront des droits ;

Que d'autres victimes de la guerre auront des droits pour leurs enfants ;

Je demande que la Fédération, par tous les parlementaires sur lesquels elle peut compter, obtienne une décision du gouvernement considérant les offices départementaux comme provisoires, afin que quelques mois après la guerre il y ait de nouvelles élections.

POISSON. — Nous n'avons pas à nous occuper des autres organisations, mais seulement des représentants de la Coopération. Je crois que nous pouvons, au nom du Congrès, faire une protestation, qui me semble légitime, sur la façon dont les élections pour les offices départementaux ont été faites dans certains départements. On nous a prévenus officiellement peut-être par des affiches, mais nous n'avons pas connu les élections. Dans certains départements, elles n'ont pas eu lieu; dans d'autres elles n'ont été qu'une véritable apparence. Je demande au Congrès de donner mandat au Conseil unique et au Secrétariat de continuer les démarches et de faire une protestation près du Ministère de l'Instruction publique, demandant que là où il n'y a pas eu d'élections régulières, elles aient lieu, et que partout où il y a eu des élections fantômes, elles soient recommencées le plus rapidement possible. (*Applaudissements.*)

LUCAS. — Ce n'est pas ce que demande Rousseau : il demande une protestation générale.

POISSON. — Je ne suis pas de son avis entièrement : il y a des endroits où la loi a été appliquée.

LUCAS. — En l'absence de nos camarades.

POISSON. — Ce ne sont pas les camarades qui votaient, mais les Coopératives ; si elles n'ont pas voté, elles ont eu tort. Là où les élections n'ont été qu'une véritable apparence, nous en demandons le renouvellement ; là où elles n'ont pas été faites, nous demandons qu'elles aient lieu. Mais si nous voulons demander qu'on recommence l'application de la loi, nous n'obtiendrons pas satisfaction.

SELLIER. — Je ne suis pas éloigné de demander au Congrès d'approuver la résolution de Rousseau. Il est incontestable que la loi a prévu une procédure pour les élections, elle a été appliquée, et les administrations des Offices départementaux sont légalement élues pour la période prévue par la loi. Mais à cause des circonstances exceptionnelles dont a parlé Rousseau, un grand nombre d'organisations ouvrières, coopératives ou autres, ont été dans l'impossibilité de participer aux élections. Dans la Seine, nous avons vu ce scandale de délégués élus par trois, quatre ou cinq voix de groupements non existants, alors que les autres n'avaient pas fait le nécessaire. Pour la Seine, il n'y avait qu'une seule Coopérative de notre groupement inscrite. Il ne serait pas mauvais de demander au législateur de maintenir les Conseils existants, mais de faire des élections générales aussitôt la guerre terminée.

POISSON. — Je tiens à insister sur un point : remettre tout en question, c'est nous exposer à n'aboutir à rien. J'accepte la proposition de Sellier, de demander après la guerre des élections générales, et actuellement, qu'on fasse des élections dans les départements où elles n'ont pas eu lieu, qu'on les renouvelle dans ceux où elles n'ont été qu'une apparence. Je crois que c'est un ensemble de vœux que vous pourriez adopter.

(Adopté.)

QUESTION II. — **Fédérations nouvelles**

POITRENAUD. — Vous avez lu dans le rapport de la Fédération nationale que dans certaines régions la création de Fédérations spéciales avait été mise à l'ordre du jour. Nous avions demandé, dans les Basses-Pyrénées, à être érigés en Fédération autonome. A Bordeaux, nous avons adopté l'avis de l'ensemble des Coopératives, nous avons admis que cette question s'agiterait plutôt dans un Congrès national au lendemain de la guerre, car, à ce moment, il y aura une revision générale au point de vue de la division des régions par rapport à la Coopération. Nous nous rallions à cette idée et demandons que le premier Congrès qui suivra la déclaration de la paix mette cette question à l'ordre du jour.

Vous avez vu qu'il y avait des propositions d'ordre parlementaire tendant à diviser la France en régions économiques ; c'est une question qui doit intéresser la Coopération.

POISSON. — Je demande que cette question, intéressante, en effet, soit renvoyée à l'Office Technique de la Fédération, qui aura à établir un rapport, peut-être à engager une action, d'accord avec le Conseil et le Comité confédéral, et que la question revienne au prochain Congrès.

En ce qui concerne le rôle et la délimitation de nos Fédérations, cela peut faire l'objet d'une étude du Conseil central ; mais la question n'est pas mûre, elle est intimement liée du reste à celle du rôle des Unions d'achat et des Fédérations commerciales.

(Adopté.)

QUESTION III. — **Les renseignements aux Sociétés à constituer**

Le Délégué de la Famille ouvrière de Saint-Chamond. — Nous croyons qu'il serait bon qu'à la Fédération, où il existe un service de propagande pour les Sociétés de province, on développe ce service en y adjoignant deux ou trois camarades, afin qu'en province les camarades ne soient pas à la merci de ceux qui voudraient exploiter le mouvement.

J'indique qu'une Société peut commettre des sottises par suite du manque de renseignements ; ces renseignements ne sont pas donnés, en province, par les Sociétés sœurs parce qu'elles ne les possèdent pas. Ces Sociétés sont dévouées, les Sociétés voisines ont fait tout ce qu'elles ont pu pour nous aider à vivre ; mais au début il nous a manqué l'essentiel. Le 23 décembre, quand nous étions à la veille d'ouvrir notre premier magasin, il a fallu faire une assemblée générale extraordinaire pour nous constituer légalement, et nous avons plus de 50.000 francs versés.

Dans certains pays, en Suisse, par exemple, où j'ai vécu longtemps, on n'attend pas qu'une Société en constitution demande à la Fédération des renseignements ; dès qu'on est informé qu'un groupement est en voie de formation, la Fédération intervient pour voir si les camarades ont fait le nécessaire régulièrement.

MONTOUX. — Ce que notre camarade demande, en somme, c'est la décentralisation régionale. En effet, en province nous ne trouvons pas suffisamment d'appui auprès des Fédérations régionales. Si on décentralisait au point de vue juridique et propagande, nous pourrions éviter la multiplicité des Coopératives pour ne former que des Unions départementales ou régionales et créer l'Union des Coopératives de telle ou telle région. Seulement, comme le service de propagande et le service juridique ne sont pas suffisamment décentralisés, nous demandons à la Fédération d'avoir dans les différentes régions des services de renseignements qui faciliteront la création des Coopératives, tout en évitant leur multiplicité dans les endroits où il y en a déjà qui fonctionnent, et où il est préférable de créer des succursales.

POISSON. — Vous nous demandez de multiplier nos efforts pour donner satisfaction aux Sociétés en formation.

A ce point de vue, voici ce que nous faisons, et je ne crois pas, dans l'état actuel des choses, qu'on puisse faire davantage.

Dès que nous sommes avisés par un coopérateur ou une Société qu'il y a quelque part une organisation en formation, immédiatement nous entrons en relations épistolaires avec cette organisation, et nous lui envoyons gratuitement un certain nombre de brochures: la brochure de notre ami Garbado, les statuts-types d'une Société coopérative. Nous pourrons y joindre dorénavant une brochure que je me suis permis d'écrire ces temps derniers : « Comment fonder une Coopérative », c'est une sorte de manuel. J'avais si bien la même impression que vous que j'ai écrit cette brochure dans cette intention; elle est faite non pas pour inciter à créer et multiplier les Coopératives, mais à se rattacher à des organisations existantes et donner la marche à suivre lorsqu'il n'en existe pas dans la région.

En même temps, nous prévenons les Fédérations régionales, et c'est à elles qu'il appartient non seulement de se servir de nos documents, mais d'envoyer des délégués sur place, après l'échange de correspondances nécessaires, pour donner des renseignements oraux, toujours meilleurs que les renseignements écrits.

Je crois que nous devons persévérer dans cette attitude; je ne pense pas, comme Montoux, qu'en ce qui concerne les renseignements d'ordre juridique ou commercial il faille décentraliser; car nous aboutirions à une multiplicité de Sociétés dont les statuts seraient très différents.

Nous avons un service juridique qui fonctionne très bien. Dès que les Sociétés ont établi leurs statuts, il faut qu'elles nous les soumettent. Nous les faisons examiner par ce service : nous leur indiquons les modifications à y faire, les formalités à remplir. Il y a un grand intérêt, au contraire, à ce que les renseignements d'ordre juridique soient centralisés, et qu'on ne vous livre pas au notaire de Saint-Etienne, de Dijon, de Besançon ou de Bourges, qui souvent ne connaissent pas le fonctionnement des Sociétés Coopératives. (*Applaudissements.*)

RAMADIER. — Sur le point soulevé par notre ami Montoux en ce qui concerne la décentralisation du service des renseignements juridiques, je crois que dans une certaine mesure l'observation qu'il a présentée est fondée. Il ne suffit pas, dans la plupart des cas, d'écrire et de répondre par écrit à une demande de renseignements pour qu'une Société sache parfaitement comment se conduire ; dans la plupart des cas il est indispensable qu'un entretien ait lieu entre la personne qui renseigne et le groupe de personnes qui demandent à être renseignées. Il est certain que tant que le service juridique est à Paris, on ne peut facilement renseigner que les Sociétés de la région parisienne ou celles qui, périodiquement, envoient au Ministère du Ravitaillement, des délégués qui viennent au siège central.

Pour les autres, notamment pour les Sociétés nouvelles qui n'ont point encore l'habitude du fonctionnement de la Fédération, ces renseignements verbaux, non moins utiles, sinon même plus que les renseignements écrits, font défaut. Il serait possible, je crois, d'examiner l'organisation d'une certaine décentralisation du service juridique, et la conclusion de ce débat pourrait être de charger le Conseil Central d'examiner ce point. Il pourrait y avoir entre les mains de chaque secrétaire de Fédération régionale quelques exemplaires des statuts-types, quelques notices plus développées que celles envoyées à toutes les Sociétés. S'il se pose des questions complexes, on pourrait envisager d'autres moyens, mais la plupart des cas sont simples et ne demandent que des renseignements assez élémentaires.

<h2 style="text-align:center">QUESTION IV. — Une nouvelle brochure coopérative</h2>

CALZAN. — Les observations du camarade de la région de la Loire ont leur justification dans ce fait que nous assistons actuellement, à une poussée coopérative extraordinaire. A Lyon, depuis deux ans, il est né peut-être une centaine de Coopératives nouvelles. La plupart sont mort-nées, elles sont parties sans se rendre compte que la Coopération existe depuis cinquante ans et ont tâtonné pour arriver à certains résultats.

Je retiens de l'intervention de notre camarade cette observation qu'il y a une grande ignorance dans les milieux ouvriers, et la brochure que vient de publier Poisson est une contribution excellente qui va développer la connaissance de la Coopération.

Je me permettrai, étant donné qu'à Lyon nous sommes quelques-uns à avoir réfléchi assez profondément sur la question, de recommander à nos camarades, à côté de la brochure de Poisson, la brochure de Cuminal sur la Coopération, qui étudie les différenles formes de la Coopération, depuis le groupement d'achat jusqu'à la Société de fusion ; la Société de développement, comme dit Poisson, qui est la Société de l'avenir, qui doit amener la réalisation intégrale du programme coopératif, c'est-à-dire du communisme collectif. Cette brochure, vous la trouverez ici, je demanderai au camarade Poisson de l'ajouter parmi les brochures utiles à la Coopération.

QUESTION V. — **La cotisation à la Fédération nationale**

LE PRÉSIDENT. — La parole est à Buguet.

BUGUET. — On demande une plus grande activité aux Fédérations régionales. Je crois que si elles n'ont pas toujours accompli toute l'action qu'elles pouvaient accomplir, cela provient quelquefois du manque de fonds. Il faut avouer que les Sociétés ne mettent aucun empressement à accuser leur chiffre d'affaires et par conséquent à cotiser, puisque la cotisation dépend du chiffre d'affaires. Ainsi des Fédérations ont encore, à l'heure actuelle, les mêmes moyens financiers qu'il y a dix ans. Si vous voulez plus d'action, il faut aussi cotiser plus largement ; il ne faut pas qu'une Coopérative, quand on lui demande son dernier bilan, se contente de ne pas répondre. Sur 1.400 et quelques Sociétés, il y en a peut-être cent qui répondent ! Si vous voulez qu'il soit fait de la propagande, que la Fédération régionale rende des services, donnez-lui en les moyens. (*Applaudissements.*)

RAMADIER. — Buguet a raison. Ce n'est pas la première fois qu'au Congrès national j'attire l'attention des militants sur la nécessité de donner à l'organisation l'argent nécessaire. Pour un mouvement qui comprend 1.500 Coopératives, dont le chiffre d'affaires est aujourd'hui non plus de dizaines, mais de centaines de millions, il faut que la Fédération soit mieux armée qu'elle ne l'est au point de vue pécuniaire. Le Magasin de Gros a compris son devoir en proposant à son Assemblée générale un relèvement de la subvention qu'il verse à la Fédération nationale. Les Sociétés doivent suivre cet exemple, et d'abord cotiser plus régulièrement. Comme secrétaire de la Fédération de la région parisienne, j'ai, cette année, demandé aux Sociétés de ma Fédération d'indiquer leur chiffre d'affaires. Sur 125 Sociétés adhérentes, il me manque encore une quinzaine de réponses. Il est désastreux de songer que, dans une organisation comme celle-là, où la Fédération est en relations constantes avec les Sociétés, certaines résistent à payer leur cotisation et à faire connaître leur chiffre d'affaires.

Cette mesure, d'ailleurs, ne serait pas suffisante, et je crois que dans un avenir prochain nous serons amenés à examiner le relèvement de la cotisation à la Fédération nationale et aux Fédérations régionales pour leur donner les armes qui leur sont indispensables.

L'an dernier, vous avez donné au Conseil central le mandat d'examiner comment les ressources de la Fédération pouvaient être augmentées. Le Magasin de Gros a répondu. C'est au Congrès d'examiner si un relèvement de la cotisation ne pourrait pas être décidé. Pour que le mouvement soit fort, il faut une organisation centrale bien armée ; vous ne l'aurez pas si vous n'avez pas d'argent en caisse.

Un délégué. — Ce n'est pas par mauvaise volonté que beaucoup·
de Sociétés n'ont pas indiqué leur chiffre d'affaires. Étant en sur--
sis, j'ai été dans une Société qui comprenait 500 coopérateurs, faisant 200.000 francs. Le président restait seul avec un ancien mem--
bre du Conseil d'administration. A lui seul il lui fallait assurer tous·
les services. Nous avons dû attendre au 30 avril 1918 pour mettre à
jour notre comptabilité depuis le 1er janvier 1914. Nous avons fait.
l'impossible et nous avons réussi enfin, en 1918, à fournir notre
chiffre d'affaires. Nous avons manqué de comptables, manqué de
bonnes volontés. Il n'était resté que ceux qui voulaient réellement
faire œuvre de coopérateurs. Ils ne sont pas nombreux en province ; si nous ne tenons pas compte de cela, nous ne pourrons pas.
arriver à quelque chose. Si vous avez 15 Sociétés qui n'ont pas
fourni leur chiffre d'affaires, ce n'est peut-être pas parce qu'elles.
n'ont pas voulu, mais parce qu'elles n'ont pas pu.

QUESTION VI. — Les nouvelles Sociétés

Le Délégué de l' « Espérance » de Brest. — A l'heure actuelle,
au point de vue régional, nous sommes un peu dans l'anarchie. Il
faudrait que le Congrès émette le vœu qu'aucune Société nouvelle
ne soit créée sans l'agrément de la Fédération. Il faut que la Fédération nationale marche dans les vues de la Société régionale ou
départementale et empêche d'autres Sociétés de se former à côté.
Il ne faut pas, pour plaire à des camarades, à une coterie déterminée, créer une nouvelle Coopérative. Sans quoi, il y aura une Coopérative dans une région qui fera la loi : c'est l'anarchie complète.

César Bernard. — Je voudrais dire un mot sur la décentralisation au point du vue propagande.

A la Fédération du Pas-de-Calais, avec cette méthode, nous avons
créé un mouvement tellement puissant, qu'il ne se fonde plus dans·
notre région aucune Coopérative indépendante. Nous avons fondé
l'Union des Coopératives du Pas-de-Calais ; nous sommes toujours
à l'avant et lorsque nous sentons qu'on veut créer une Coopérative,·
nous y allons. L'Union des Coopératives, créée depuis deux mois,
compte onze succursales, 4.000 adhérents, et partout où on voudra
créer des Coopératives nous irons et dirons : c'est une succursale
qu'il faut mettre là. Vous n'avez qu'à adopter notre méthode. (*Applaudissements.*)

Berland. — La proposition que vient de faire un camarade tendant à empêcher les Coopératives de se constituer, tout au moins
à leur fermer la porte des Fédérations régionales, part évidemment
d'un bon naturel, et si nous avions des moyens coercitifs pour la
mettre en application, ce serait peut-être un bon moyen pour empêcher la création de Sociétés n'ayant pas notre état d'esprit. Mais
bien que nous voulions les en empêcher, ces Sociétés se constitue-
ront quand même, si nous les écartons de la Fédération, c'est le·
moyen de ne les avoir jamais. Lorsque nous sommes avisés qu'une
Coopérative doit se constituer, c'est à la Fédération régionale à·
s'entremettre près des camarades, à leur faire comprendre l'idéal
de la Fédération nationale, qui est non pas la constitution de So--
ciétés nouvelles, mais de Sociétés à succursales multiples. Nous
avons décidé, à un des derniers Comités confédéraux, que chaque-
fois que nous sommes avisés de la constitution d'une Coopérative,.

nous déléguons un camarade pour expliquer les raisons pour lesquelles le mouvement coopératif se porte vers la Société de développement dont la discussion viendra demain. Si les camarades ne
comprennent pas qu'il y a intérêt non pas à créer une nouvelle Coopérative, mais à venir à nous, nous n'y pouvons rien ; nous leur
donnons tous renseignements nécessaires et les engageons à venir
à la Fédération, car en assistant à nos Congrès régionaux et nationaux, s'ils ne sont pas venus de suite à la Société de fusion, ils y
arriveront. Il ne faut pas rejeter les camarades, il faut les persuader et les convaincre.

Si dans une localité, monsieur Un Tel veut fonder une Coopérative pour en être président, ce n'est pas parce que vous l'empê-
cherez d'adhérer à la Fédération qu'il ne fera pas sa Coopérative ;
il la fera quand même ; aidons ces camarades et tâchons de les
amener à nous.

Le Délégué de la Fédération du Var. — Empêcher de nouvelles
créations serait peut-être dangereux, nous ne pourrons jamais empêcher quelqu'un de faire une Société pour en être président ou
secrétaire. Il y aurait peut-être un autre moyen, ce serait que les
secrétaires fédéraux aient à leur disposition les fonds nécessaires
pour se rendre sur place, se mettre en rapports avec les organisations naissantes, et persuader les promoteurs de ne pas faire une
Société nouvelle. Pour cela il faut des fonds ; que la Fédération
étudie le moyen de donner des fonds aux secrétaires fédéraux.

Isidore LÉVY (Fédération Parisienne). — Il me semble qu'on n'a
pas été assez précis pour les moyens de propagande à employer à
l'heure actuelle.

Je ne crois pas qu'il y ait lieu, pas plus dans la Fédération nationale que dans les Fédérations régionales, de faire de la propagande
pour le mouvement coopératif ; ce qu'il faut, c'est diriger les Sociétés coopératives qui se fondent tous les jours dans le véritable
mouvement coopératif que nous voulons faire tous. Quelles que
soient les décisions que nous prendrions ici, elles ne pourraient
empêcher que demain et les jours suivants il se fonde de nouvelles Coopératives. La décision à prendre, c'est que partout où il se
fonde de nouvelles Sociétés, nos camarades y pénètrent et leur fassent comprendre ce qu'est le mouvement coopératif, pour les amener à nous. Cette propagande est largement suffisante. (*Applaudissements.*)

GRUYER. — Des camarades ont demandé à la Fédération nationale de faire le nécessaire pour empêcher la création de nouvelles
organisations partout où il en existe déjà.

Je crois, pour mon compte, que la Fédération nationale leur fait
souvent trop bon accueil avant d'avoir consulté les Fédérations régionales. Si on ne leur faisait pas un accueil si aimable avant de
consulter les Fédérations régionales, on ne verrait pas ce qu'on
voit dans certains milieux. Il n'y a pas besoin d'attendre qu'un patron quelconque fonde une Coopérative pour devenir coopérateur;
ceux qui ont compris les avantages de Coopération vont à la Coopérative existante et n'en fondent pas de nouvelles. (*Applaudissements.*)

JOURDAN. — J'estime que ce serait une mauvaise politique que de
fermer la porte aux nouveaux éléments. On n'empêchera pas les
nouvelles Coopératives de se fonder ; j'aurais peur que ces Coopératives étant mises à la porte par nous se groupent elles-mêmes

pour fonder d'autres unions en face des nôtres. Il faut avoir la main légère pour faire l'éducation des gens qui ne demandent qu'à venir à nous.

Poisson. — Permettez-moi quelques brèves explications.

Nos camarades ont posé un problème très intéressant. Le camarade de la *Famille*, du Chambon, disait : ce n'est pas la question principale du Congrès, mais ces questions d'organisation sont vitales pour l'avenir du mouvement. Il est certain qu'il faut que la Fédération nationale soit à la hauteur de sa tâche ; toutes les propositions, toutes les suggestions qui tendent à augmenter la puissance de notre mouvement doivent être entendues par le Congrès, et je dirai même sanctionnées par lui.

Il faut en effet une centralisation juridique très complète. Le fait de mettre à la disposition des Fédérations régionales plus de documents n'est pas un fait de décentralisation, mais une chose excellente, que nous pourrons étudier au Conseil central.

Mais la Fédération nationale ne peut pas suffire à tout. S'il y a des Fédérations régionales actives, il y en a qui sont moins actives. S'il n'y avait pas de Fédération nationale, dans certaines régions en réalité les organisations nouvelles n'auraient personne pour les appuyer et les anciennes pas davantage.

Nous n'incriminons pas les Fédérations régionales. La guerre les touche, il y a des militants mobilisés, d'autres qui sont morts et nous avons une difficulté énorme à les faire revivre. Nous sommes heureux de constater qu'aujourd'hui toutes nos Fédérations sont debout. Il y en a qui manquent encore d'activité, c'est notre rôle de les y pousser et c'est à vous, dans vos Fédérations régionales, de les pousser à être plus vigoureuses et plus actives.

Vous me direz : Pour être actif, il faut de l'argent. Il ne faut pas que de l'argent ; car je connais des Fédérations qui ont de l'argent et qui ne font pas d'action pratique, et d'autres qui n'ont pas d'argent et qui sont systématiquement actives. Je ne voudrais pas mettre de nom, mais chacun de vous se reconnaîtra dans un sens ou dans l'autre. (*Applaudissements.*)

Ramadier a posé la question de l'augmentation des cotisations. Vous devez penser, quand j'entends des paroles comme celles-là, si elles me font plaisir. Seulement il faut être pratique. La cotisation de la Fédération nationale, actuellement, n'est pas lourde, mais je me permets de dire que pour un temps nous ne pouvons pas l'élever davantage. Ce ne sont pas des raisons de principe qui me guident, c'est le simple fait que si dans ce Congrès, où vous êtes pleins d'enthousiasme, on mettait aux voix l'augmentation, vous la voteriez tous, mais quand il s'agirait le lendemain de l'appliquer, c'est là que naîtraient les difficultés. (*Applaudissements.*)

Buguet. — Il y aurait tout de même des moyens d'arriver à la faire payer.

Poisson. — Je réponds à la question des cotisations posées par la Fédération de l'Est qu'à l'heure actuelle, sauf des exceptions qui ne portent peut-être pas sur 40 Sociétés, toutes paient leur cotisation.

Buguet. — Mais quel quantum?

Poisson. — La plupart de nos Fédérations régionales font elles-mêmes le recouvrement de leurs cotisations : c'est grâce à elles que nous avons obtenu le chiffre d'affaires.

Buguet. — Elles le certifient ?

Poisson. — Il y a mieux : il y a 28 secrétaires de fédérations qui sont ici, qui peuvent l'attester.

Buguet. — Alors je voudrais qu'à chaque Congrès on nous donne une statistique exacte du chiffre d'affaires de chaque Société.

Poisson. — Ce sont les comptes de la Fédération. Chaque Fédération régionale sait le compte de ses Sociétés. Au mois d'avril nous leur demandons leur chiffre d'affaires, nous fixons la cotisation, d'accord avec elles, nous leur faisons des observations quand elles le méritent. Il y a des récalcitrants, mais d'année en année les progrès sont immenses. Affirmer le contraire est une légende de quelqu'un qui ne connaît pas la vie de la Fédération, légende que peuvent contredire les 28 représentants des Fédérations qui sont ici.

Donc cette critique là n'est pas justifiée.

On a fait à la Fédération nationale la critique d'accueillir trop favorablement les nouvelles Sociétés. Je me demande ce que cela veut dire et je voudrais des faits précis. La politique de la Fédération est simple ; elle répond à ce que nous demandent les camarades de la Loire. Dès que nous recevons une demande, nous considérons qu'il ne faut pas regarder en ennemis ceux qui veulent faire de la Coopération. Nous essayons de canaliser le mouvement ; il n'y a pas un cas où, en présence de la constitution d'une Société nouvelle, nous n'ayons commencé par lui conseiller de se rattacher à une Société déjà existante. Mais quelquefois nous sommes avisés quand la Société est constituée ; puis les camarades n'acceptent pas toujours nos suggestions.

A ce moment, là il y a deux politiques. Celle dont je suis l'adversaire, c'est la politique de la porte fermée. Si nous avions la force d'empêcher les Sociétés de se former, oui. Mais nous n'avons pas cette force, et les Sociétés se constituant quand même, nous aurions des Sociétés en dehors de notre mouvement, qui à un moment donné se rattacheraient les unes avec les autres. Nous l'avons empêché nationalement, nous l'avons empêché presque partout régionalement. Il vaut mieux essayer d'englober des gens qui souvent ne sont pas de mauvaise volonté : une fois qu'ils sont à la Fédération nationale, une fois qu'ils ont assisté à un Congrès comme celui d'aujourd'hui, puissant, nombreux, le lendemain je suis certain des résultats : ces Sociétés qui nous prêtaient des tas de mauvais desseins sont prêtes à se rattacher au Magasin de Gros. Pas de politique d'ostracisme, elle ne mène à rien, sinon à la désorganisation. (*Applaudissements.*)

Je désirais poser la question devant le Congrès une fois pour toutes. Nous continuerons notre politique en essayant de rattacher les Sociétés en formation à d'autres, de fortifier les Sociétés de développement, mais quand malgré nous des organes nouveaux se constituent, il vaut mieux les avoir dans notre sein qu'en dehors (*Applaudissements.*)

Question VII. — Les morts de l'année

Au moment où nous abordons la question du Comité confédéral, je crois que notre devoir est de rendre un hommage à ceux qui au cours de l'année sont disparus.

Or, en 1913, nous avons eu le malheur de perdre deux de nos secrétaires fédéraux.

D'abord, notre camarade Dumont, secrétaire de la Fédération Lyonnaise, que beaucoup de vous ont connu. Dumont était un véritable apôtre, et nous manquerions à notre devoir si le mouvement coopératif auquel Dumont a consacré sa vie — j'oserais presque dire a donné sa vie — ne passait pas au moins quelques minutes pour se souvenir de lui. Je ne froisserai personne et serai d'accord avec tous mes camarades lyonnais en disant que par sa haute moralité, sa probité, par son dévouement, Dumont restera pour les Lyonnais un modèle comme organisateur. C'est à lui que nous devons une Fédération Lyonnaise qui groupait en 1916 quelque quinze Sociétés et en compte aujourd'hui près de 80 ; c'est à lui que nous devons la constitution d'un de nos plus beaux groupements de France, et je me plais à saluer ici la mémoire de ce militant qui donna sa vie à la Coopération. (*Applaudissements.*)

Je voudrais aussi rendre hommage au camarade Bourgeois, secrétaire de la Fédération de l'Est, car nous avons été cruellement frappés cette année.

Dès le début de la guerre, Bourgeois fut un de ceux qui, avec le camarade Delmas, ont essayé de reconstituer une Fédération près de la zone des armées. Je me rappelle des jours où Bourgeois, mobilisé, venait à Paris en permission, ne songeant même pas à voir sa famille, mais tâchait de faire coïncider ses permissions avec les réunions de sa Fédération, et passait des heures en nos bureaux pour examiner le cas de chaque Société. Je veux associer la mémoire de Bourgeois à celle de Dumont.

Nous avons enfin perdu un membre du Comité coopératif des régions envahies, homme politique influent : Albert Métin, ancien ministre, coopérateur convaincu, qui nous avait donné non seulement son temps, mais son appui, et près duquel nous avions trouvé une aide que nous devons saluer avec reconnaissance au moment où il a disparu. (*Applaudissements.*)

QUESTION VIII. — **Service juridique**.

LE POURIEL (Fougères). — Je voudrais demander au camarade Ramadier des explications sur les démarches faites près du ministre pour demander l'exonération de l'impôt sur les Coopératives vendant au public. L'année dernière, à Fougères, le contrôleur des finances nous a demandé notre chiffre d'affaires; je désirerais que de nouvelles démarches soient faites et que le Congrès demande l'exonération complète pour les affaires faites avec le public. Notre proportion de ventes au public atteint peut-être 5 0/0 ; actuellement nous ne le faisons pas pour étendre notre chiffre d'affaires, mais pour rendre service à la population. Je voudrais que les Pouvoirs publics tiennent compte de nos intentions, et exonèrent les Sociétés qui font de la vente au public.

RAMADIER. — La question posée par Le Pouriel est en effet l'une des plus importantes qui puissent se poser au mouvement coopératif. La réforme fiscale qui s'est opérée depuis la guerre était de nature, si nous n'avions pas pris les précautions nécessaires, à atteindre profondément notre mouvement.

D'une part, le vieux système des contributions directes a été complètement renversé, il a été institué à la place de l'impôt de la patente un impôt sur les bénéfices commerciaux, et vous savez que dans le vote de la loi de l'impôt sur les bénéfices commerciaux, nous avons, grâce au camarade Ernest Lafont, obtenu des avantages considérables. Lafont a présenté un amendement aux termes duquel les Sociétés coopératives de consommation qui, vendant au public, consacrent leurs bénéfices au développement de la Société ou à des œuvres sociales, sont exonérées de l'impôt. En fait, il n'est pas une Société coopérative remplissant strictement les conditions mêmes de la Coopération et correspondant à nos statuts, qui ne réalise ces conditions. La loi a donc reconnu que les sommes, que les trop perçus réalisés par les Coopératives n'étaient pas des bénéfices, mais des économies faites par les Sociétés pour être restituées.

En ce qui concerne l'impôt sur les bénéfices de guerre, la situation est malheureusement moins claire. Aucune disposition spéciale dans la loi n'a visé le cas des Coopératives, et c'est par application des principes généraux que nous avons essayé de faire reconnaître, par la Commission supérieure, que les trop-perçus, les sommes mises en réserve par les Coopératives pour être distribuées aux sociétaires n'étaient point en réalité des bénéfices et ne pouvaient pas être soumises à l'impôt.

Nous avons obtenu pleine et entière satisfaction pour les Sociétés ne vendant pas au public. La Société de Châtellerault nous a permis de soumettre le cas à la Commission supérieure, qui s'est rangée à notre avis.

La question reste encore en suspens pour les Sociétés vendant au public. Je crois cependant que le fisc a compris combien il serait illégitime d'imposer les Sociétés coopératives ; car jusqu'alors il ne s'est pas produit un cas où les Sociétés coopératives aient été réellement imposées, du moins pour une somme importante. On n'a pas voulu trancher la question de principe, mais on a aussi, systématiquement, évité de la soulever. Je connais quelques Sociétés qui ont payé l'impôt sur les bénéfices de guerre.

La question n'a pas encore été tranchée. Si elle est soulevée un jour, nous soutiendrons devant la Commission supérieure que lorsqu'une Société coopérative vend au public, mais ne distribue pas à ses membres le produit de cette vente, ces sommes mises en réserve, bien que provenant de la vente au public, ne sont pas des bénéfices, mais une propriété collective, une sorte de mainmorte qui ne peut devenir la propriété particulière des sociétaires.

Voulant prendre les devants, nous avons essayé de demander au Parlement de régler la question par une disposition législative.

Nous avons rencontré, je dois l'avouer, non pas une résistance, mais tout au moins des hésitations. Nos amis nous ont dit : puisque pratiquement la question n'est pas soulevée, peut-être serait-il bon d'attendre.

Cependant, dans une loi votée au cours de l'année 1917, une exonération a été introduite, à la demande d'un homme qui s'est toujours mis au service de la coopération, Henri Chéron, au profit des sociétés à participation ouvrière. Nous avons demandé que cette exonération proposée par Henri Chéron soit étendue à toutes les Sociétés coopératives de consommation. Nous avons demandé une entrevue au groupe des coopérateurs de la Chambre et à Justin Godart, qui était chargé de déposer un amendement sur ce point.

Justin Godart, que j'ai vu à cette occasion, a parfaitement compris que les Coopératives devaient être exonérées ; il pense même qu'à vrai dire, une loi n'est pas nécessaire et que cette jurisprudence devrait émaner de la Commission supérieure. Pour éviter tout flottement, il est d'accord pour déposer cet amendement, lorsque l'occasion s'en présentera, dans la discussion des douzièmes provisoires.

Le dépôt a été retardé, Justin Godart étant parti en Amérique en mission ; mais la question n'est pas perdue de vue, et lorsqu'une loi de finances permettra de la poser devant le Parlement, nous demanderons qu'il soit spécifié que les bénéfices des Sociétés coopératives soient exonérés de l'impôt sur les bénéfices de guerre, parce que ce que l'on appelle bénéfice chez elles n'est pas un bénéfice en réalité. (*Applaudissements.*)

Svob. — Une des causes qui doivent nous dispenser de payer l'impôt sur les bénéfices commerciaux, c'est l'article de nos statuts qui prévoit qu'en cas de dissolution d'une Société la fortune sociale ne sera pas distribuée entre les membres, mais donnée à une ou plusieurs œuvres sociales similaires.

Ceci dit, je demanderai à l'Office juridique que lorsque l'on transmet à de nouveaux coopérateurs un type de statuts, on ajoute une notice appuyant très énergiquement sur les moyens de soustraire nos Sociétés aux nouvelles impositions, ceci non seulement pour les soustraire à ces impositions, mais pour leur faire accepter les véritables règles de la Coopération. Car, à côté de l'instinct coopératif, jouera l'instinct de conservation, le désir de se soustraire à l'imposition et ce sera un bon moyen. Ainsi nous ne verrons pas se créer dans nos provinces de pseudo-coopératives, mais de véritables Coopératives.

Un Délégué (Loire). — Dans le département de la Loire, relativement à la question de l'impôt sur les bénéfices de guerre, nous avons établi, d'accord avec l'ensemble des Coopératives de la Loire, un rapport que je tiens à soumettre au Congrès, et dont je veux vous donner les conclusions.

L'impôt sur les bénéfices de guerre nous touche actuellement. Nous comptons 250 adhérents seulement qui apportent leur action personnelle dans la Coopérative. Nous ne touchons aucune ristourne, aucun dividende, vous voyez que notre Coopérative est une Coopérative modèle. Nous avons réalisé un chiffre d'affaires de près de 5 millions pour la première année, nous avons donné à la Fédération nationale près de 1.200 francs, nous n'y avons aucun bénéfice, nous y avons adhéré par principe, parce que c'est notre devoir et que nous devons faire quelque chose au point de vue de l'émancipation.

Poisson. — Il est bon de dire au Congrès qu'on adhère à la Fédération nationale par principe, mais que si on se place même au point de vue des résultats matériels, il est tout à fait inexact de dire que cela ne donne aucun profit matériel. Pour vous, cela en donne. L'*Avenir Social* est une Société de boucherie qui bénéficie à l'heure actuelle du fait que, grâce à l'action de la Fédération nationale, on n'a pas voté une loi qui frappe vos bénéfices, mais qui les exonère de l'impôt.

Il est bon de rappeler cela aux Sociétés. Il est facile de dire que la Fédération nationale est une organisation de principe dont la cotisation est élevée, mais quand une loi nouvelle vous exonère de certains impôts, il y a lieu de dire aux coopérateurs que même pour ces raisons matérielles il y a intérêt pour toutes les Sociétés de France à adhérer.

Le Président. — Nous sommes d'accord pour renvoyer le vœu à la Commission des résolutions ? (*Oui ! oui !*)

Fauquet. — J'appelle votre attention sur l'inconvénient qu'il y aurait à adopter à la légère des textes relatifs à des modifications législatives.

Ainsi notre camarade nous propose que les fonds de réserve et de prévoyance soient exonérés de l'impôt sur les bénéfices de guerre. La formule est insuffisante. Nous soutenons que dès maintenant toutes les réserves, et non pas seulement les fonds de développement et de prévoyance, sont exemptées, mais à une condition, c'est qu'en aucun cas, ni au cours d'une répartition annuelle, ni en cas de dissolution, elles ne soient partagées entre les sociétaires. Voilà la base sur laquelle nous pouvons discuter avec le fisc. Mais je vous en prie, n'arrêtez aucune formule qui serait improvisée et pourrait être dangereuse ; car les questions de ce genre ne peuvent pas être traitées autrement que dans une Commission composée de gens spécialisés dans la partie.

Ramadier. — Je crois qu'il serait en effet imprudent d'adopter le texte proposé dans les termes où il est rédigé.

Si le fisc veut prétendre, étant donnés les termes de la loi, que les Sociétés vendant au public sont soumises à l'impôt, nous avons d'autre part d'excellents arguments pour soutenir qu'elles doivent être exonérées. Le procès est pendant, ne le perdons pas à l'avance en déclarant, dans une résolution votée par le Congrès, qu'il faut une loi nouvelle pour nous exonérer, mais disons au contraire qu'avant que la Commission supérieure ait à juger la question, une loi interprétative doit intervenir pour trancher le débat. Dans ces conditions, je crois que l'ordre du jour peut être accepté, et le mieux me paraît être de le renvoyer à la Commission des résolutions pour être rédigé.

Question IX. — L'Action Coopérative

Un Délégué. — Nous demandons qu'on augmente la cotisation des Fédérations pour permettre le service gratuit de l'*Action Coopérative* à tous les coopérateurs.

Daudé-Bancel. — Cette question est liée à l'augmentation de la cotisation. Nous avons décidé, il y a quelques minutes, de renvoyer l'augmentation de la cotisation à plus tard. En Suisse, on fait le service des journaux à tous les coopérateurs, mais actuellement c'est impossible en France. Nous ne pouvons qu'émettre le vœu inséré au rapport que les Sociétés et Fédérations de centres importants fassent comme la *Bellevilloise*, l'*Union des Coopérateurs*, l'*Union des Coopératives* de Paris, et la Fédération des Coopératives lyonnaises, qui font des éditions spéciales, lesquelles vont mieux toucher les sociétaires et les clients.

Pour le moment il nous est impossible, malgré le désir que nous en aurions, d'appuyer cette proposition, elle viendra dans quelques années.

Question X. — La Librairie

Lucas. — Sur la librairie, je demande que les rapports des Fédérations régionales soient publiés, de façon que les Fédérations puissent avoir les rapports les unes des autres. Ce ne sera pas une charge pour la Fédération nationale, et tout le monde pourra savoir ce qui se passe.

Daudé-Bancel. — Nous avons déjà donné satisfaction aux Fédérations régionales en publiant un rapport.

Lucas. — Je demande que les Fédérations qui publient une brochure à la suite de leur Congrès régional en mettent un certain nombre à la disposition de la Fédération nationale, pour être vendues.

Daudé-Bancel. — Je n'y vois pas d'inconvénient, après approbation de la brochure par la Commission.

Question XI. — Les Orphelins et Pupilles de la Nation

Rousseau. — On a dit que 1.200.000 francs, grâce à l'organisation de la Fédération nationale ont été distribués, mais on fait voir que très prochainement il y aura une organisation nouvelle. Hier j'ai appris qu'elle allait être précipitée, et je crains qu'elle ne nuise aux orphelins des coopérateurs, très mal vus partout par les membres des sections cantonales. J'appelle votre attention en quelques mots sur le danger qu'il y aurait à ne pas veiller à ce que les secours attribués soient maintenus intégralement jusqu'à l'application de la nouvelle loi sur les pensions, même si les orphelins ne demandent pas le bénéfice de la loi

Alice Jouenne. — Je voudrais répondre à Rousseau que le Comité d'attribution des fonds n'a plus de raison d'exister, puisque tous les orphelins vont être remis aux offices départementaux, qui répartiront les secours. Ces offices départementaux ne fonctionnent pas encore normalement ; aussitôt qu'ils fonctionneront normalement, le Comité d'attribution des fonds cessera d'exister. C'est à nous, coopérateurs, d'entrer dans les Offices départementaux.

Gruyer (de Troyes). — J'ai à faire remarquer, d'accord avec Rousseau, que dans certains milieux les Offices départementaux ont été constitués d'une façon déplorable.
Il serait bon que la Fédération intervienne dans notre département pour essayer de faire casser l'élection.

Auerbach. — Les Pupilles de la nation et les Orphelins de la guerre ont été jusqu'ici secourus par différents groupes. Ces différents groupes et établissements ne seront pas expropriés par les Offices départementaux, ceux d'entre eux qui s'occuperont des pupilles de la nation auront simplement à s'entendre dans les limites fixées par la législation, avec les Offices départementaux, et je crois que partout cette entente sera facile et fraternelle.

Ribeyrol. — Ce matin, le camarade Auerbach disait avec beaucoup de raison que la coopération ne se préoccupe pas seulement de livrer de bonnes marchandises, mais s'intéresse vivement aux questions d'éducation. Or au sujet des pupilles de la nation, une question d'éducation se pose. Les délégués de certaines puissances, à l'Office départemental de la Gironde ont obtenu le vote de crédits spéciaux, d'un traitement de faveur, en faveur de qui ? De ceux des pupilles de la nation qui seront envoyés dans les écoles privées. Et ces Messieurs, par une interprétation abusive de la loi, osent motiver cette demande d'un traitement privilégié au nom des principes mêmes d'union sacrée, en disant qu'il est nécessaire d'attribuer des secours supplémentaires à ces enfants, parce que ces enfants devront payer les frais d'éducation.

Je ne crois pas que ce soit violer les principes essentiels de la Coopération que de dire : nous ne pouvons pas accepter qu'il en soit ainsi. Il faut que le Congrès pose le principe qu'il ne sera envoyé dans les écoles privées d'autres pupilles de la nation que ceux dont le chef de famille disparu en aura formellement, expressément, formulé le désir.

Le deuxième principe à poser, c'est que si l'enfant est envoyé à l'école privée, en aucun cas il n'aura de supplément. C'est une allocation, une subvention déguisée, à l'œuvre de l'école privée.

Le Président. — Votre ordre du jour sera renvoyé à la Commission des résolutions.

La parole est à Alice Jouenne.

Alice Jouenne. — Les explications de notre camarade sont parfaitement vraies, elles ne s'appliquent pas seulement à son département, mais aux 86 départements de la France.

Je profite de ce que vient de dire notre camarade pour demander une autre conclusion d'ordre moral.

Je demande à tous les coopérateurs qui sont ici de ne pas oublier en province l'éducation dans la Coopération, parce que la Coopération repose sur l'éducation. Vous ne serez pas des coopérateurs si vous oubliez la question éducative. En retournant dans vos Coopératives, préparez immédiatement les cercles éducatifs, lisez des tracts et réunissez vos enfants, les enfants de vos coopérateurs, occupez-vous de savoir si vos orphelins sont pupilles de la nation, s'ils reçoivent l'éducation qui convient à des coopérateurs.

Pour cela, il ne faut pas considérer l'éducation, comme on le fait trop souvent, comme la cousine pauvre de la Coopération, parce que ces résultats ne sont pas immédiats, il faut considérer l'éducation comme la base même de la Coopération. La Coopération est basée sur la dignité humaine, sur la solidarité, sur l'honnêteté, car pour bien administrer l'argent de la collectivité, il faut être intègre et connaître tous les rouages de la Coopération. Vous ne les connaîtrez pas si vous ne créez pas des cercles pour éduquer les enfants.

Vaillant. — Je m'excuse d'intervenir dans ce débat ; j'étais venu en coopérateur, et c'est surtout comme éducateur que je réponds au camarade Ribeyrol : nous sommes instituteurs tous deux.

C'est en tant que membre de l'Office départemental, siégeant à la Commission permanente de cet Office, que je déclare dangereuse la motion présentée par Ribeyrol.

La motion de Ribeyrol se retournera contre les écoles fondées par les associations coopératives ; c'est pourquoi je demande qu'elle soit renvoyée à la Commission des résolutions pour recevoir une autre forme.

(Adopté.)

Question XII. — **Vacances des enfants**

La parole est au camarade Clamamus.

Clamamus. — La camarade Alice Jouenne, parlant au sujet des pupilles de la nation, signalait à votre attention l'intérêt qu'il y avait pour la Coopération à s'occuper des enfants. J'estime quant à présent qu'en dehors même des pupilles, il y a un grand intérêt au point de vue éducatif et au point de vue coopératif à s'occuper de l'exode des enfants à la campagne pour les Parisiens, et de l'exode des campagnards pour Paris.

La nécessité devant laquelle nous nous sommes trouvés dans la région parisienne, lorsque les événements de juillet se sont produits, d'envoyer nos enfants à la campagne, a créé une situation nouvelle qui se bornait à l'origine à une mesure de sécurité, mais qui, à mon avis, englobe toute une question d'éducation. D'abord, je dois remercier les représentants des Fédérations de province de l'ardeur et de la rapidité avec lesquelles ils ont répondu à la Fédération Parisienne pour nos enfants, alors que nous avions derrière nous la poussée allemande ; mais j'estime, et suis d'accord avec la camarade Jouenne, qu'il faut que ce mouvement d'exode des enfants de Paris à la campagne devienne une véritable institution pour la Fédération nationale.

Je demande la nomination d'une Commission d'études ayant pour but de se mettre en rapports avec les Fédérations pour étudier ces exodes.

Ramadier. — Au nom des Sociétés de la région parisienne, je tiens à remercier les Sociétés de province de l'accueil qu'elles ont réservé aux enfants des coopérateurs parisiens.

Au moment où la Fédération a organisé cet exode, Paris vivait évidemment une période de tension nerveuse, sinon de danger réel, et le service que les Sociétés coopératives ont rendu aux coopérateurs parisiens est certainement très considérable. Je crois être l'interprète de tous les coopérateurs de Paris et de la banlieue en adressant nos remerciements les plus chaleureux aux camarades de province. (*Applaudissements.*)

Poisson. — Je voudrais répondre à Clamamus qu'il n'y a pas lieu de constituer la Commission spéciale dont il parle. Nous avons un Comité d'éducation, dont le rôle, cette année, a été d'organiser ce premier exode non pas comme une chose exceptionnelle, étant donné que dans le rapport que vous avez sous les yeux on vous indique qu'il est mis à l'étude, surtout pour après la guerre, l'organisation d'une institution permanente d'échange d'enfants entre la province et Paris, entre les grands centres et la campagne.

Nous croyons qu'en effet autant il est agréable et utile que les enfants des grands centres aillent passer quelques semaines à la campagne, autant il est utile pour les enfants des petits centres ou des campagnes de venir au milieu des populations urbaines connaître un milieu un peu différent du leur. Ainsi il s'établira une éducation mutuelle et une solidarité plus complète entre les coopérateurs. Mais c'est le rôle du Comité d'Education de la Fédération, sans quoi il n'aurait pas de raison d'être.

Dans le rapport il vous est dit que ce n'est pas seulement l'éducation des enfants qui est à faire, mais que l'éducation de ceux qui sont grands serait beaucoup à refaire. Je crois que ce que nous avons esquissé avant la guerre pourrait parfaitement être repris sous forme de voyages à l'étranger. Avant la guerre, nous avons fait un voyage en Suisse, un voyage en Angleterre, et, quelques jours avant la catastrophe actuelle, nous devions aller en Suisse et en Italie. Le Comité d'Education a l'intention de reprendre après la guerre non seulement des voyages à l'étranger, mais des visites entre coopérateurs français. Car il ne suffit pas de se réunir quelques jours dans un Congrès où on ne fait qu'échanger des idées, nous pensons que c'est par toutes les autres formes d'éducation, par exemple par l'organisation de voyages et d'échanges d'enfants, que le Comité d'éducation remplira son rôle.

L'exode des enfants cette année a été mis en train, il continuera ; je demande au camarade Clamamus de nous faire confiance.

QUESTION XIII. — L'Office Technique de la Fédération nationale

POISSON. — Nous ne pouvons pas laisser passer, dans un Congrès comme le nôtre, le rapport de notre Office Technique sans le souligner. Il est certain que notre Office Technique est une des organisations qui rendent les plus grands services au mouvement coopératif.

Vous savez comment il est composé. Ce sont des techniciens nommés par le Conseil central; son secrétaire, choisi par le Conseil central, est Albert Thomas, et Sellier est secrétaire adjoint.

Son travail en 1917-1918 a été extrêmement considérable, je ne veux que rappeler, en les énumérant, les questions dont il s'est occupé.

C'est l'Office Technique qui a examiné les modifications à la loi de 1867 pour permettre les augmentations de capital, les Sociétés de fusion, la revision de l'article 12 de la loi de 1917, qui entrave légèrement notre développement. Cette question viendra au Conseil supérieur de la Coopération. Un projet de loi a été déjà élaboré par Ramadier et le ministre des finances nous a promis de le déposer, en adoptant le texte, devant les Chambres.

Nous avons été longs à aboutir ; mais nous avons été obligés de consulter de nombreuses Commissions des différents ministères, des jurisconsultes éminents comme M. Lyon-Caen; mais nous sommes sur le point d'arriver à une solution. Le projet, en tous cas, sera déposé.

A l'actif de l'Office Technique, je rappelle que c'est lui qui, au cours de cette année, a examiné à tous les degrés tous les arrêtés qui ont permis de constituer l'organisation du Conseil supérieur de la Coopération, et, grâce à ses initiatives, aux modifications qu'il a proposées, nous avons pu aboutir.

Enfin je veux noter qu'en dehors de ce qui figure au rapport, l'Office Technique s'est occupé de l'organisation de notre service de statistique, que la guerre ne nous permet pas d'achever.

Il s'est occupé d'une chose qui intéresse toutes les Sociétés. Nous avons fait des statuts-types; c'est l'Office Technique qui les a mis au point, et nous avons essayé de faire des bilans-types pour les Sociétés coopératives. Ces bilans sont au point ; nous espérons prochainement vous en donner connaissance, nous attendons simplement qu'une seconde partie du travail soit terminée : nous voudrions joindre à ces bilans-types des comptes d'exploitations types pour Sociétés.

Nous ne pouvons pas entrer dans tous les détails, mais nous voudrions donner des directives; car si nous avons beaucoup de bonne volonté et de bonne foi ; si nos Sociétés ont quelquefois des capacités commerciales indéniables, en matière juridique ou financière, nos Sociétés ne font pas toujours ce qu'elles devraient faire ; quand on examine leurs bilans, je puis vous dire que quatre-vingt pour cent de ces bilans sont mal établis. Evidemment ce n'est pas de la mauvaise volonté de la part des camarades, mais de l'ignorance, et c'est nous qui avons le devoir de guider nos coopérateurs vers une organisation financière sérieuse.

Nous espérons qu'un jour le Magasin de Gros pourra être complété par l'organisation de réviseurs de comptabilité, comme en Suisse ; mais pour qu'ils n'aient pas trop à refaire, il faut que, par ces bilans-types, nous, ayons indiqué les lignes générales d'une bonne gestion financière.

Enfin, l'Office Technique s'est occupé aussi de la question des Offices publics d'alimentation. Un projet de loi a été élaboré par lui ; je ne dévoilerai rien de bien secret en vous disant que les deux auteurs du projet sont derrière moi en ce moment, et que notre ami Thomas a bien voulu prendre à son compte le projet qui a été déposé sur le bureau de la Chambre, il y a quelques jours.

L'économie de ce projet de loi, que vous connaissez, consiste à établir sous une forme réelle la collaboration des Coopératives et des municipalités, et en même temps de permettre aux municipalités d'intervenir sous une forme utile dans les questions économiques et alimentaires. Il réalise un immense progrès tant au point de vue économique qu'au point de vue social.

BERLAND. — Je voudrais appeler l'attention de l'Office Technique sur un point de la loi de 1867 qui vise plus spécialement les Sociétés de fusion : ce sont les formalités de dépôt. Ramadier, à qui j'en ai causé tout à l'heure, m'a dit que l'Office Technique n'avait pas envisagé cette question.

Je ne sais pas si la plupart des camarades connaissent les formalités que les Sociétés ont à accomplir lorsqu'elles fondent une succursale. Dans chaque arrondissement, il faut faire un dépôt au greffe du Tribunal de Commerce et au greffe de la Justice de Paix. Mais, dans ce même arrondissement, il y a aussi des formalités qui entraînent des frais considérables et des ennuis, qui retardent l'ouverture. Je demande à l'Office Technique de s'occuper de cette question et de faire modifier ces formalités de publication.

Un Délégué. — La comptabilité donne lieu à beaucoup de difficultés en province, par suite du manque de connaissances. Ce qu'on vous a demandé, c'est d'établir un modèle de comptabilité type pour soumettre aux nouvelles Sociétés. Nous ne trouvons pas des comptables dans toutes les Sociétés-coopératives ; je viens d'en fonder une et depuis six mois nous avons des comptables qui nous mettent dans l'embarras. Nous sommes obligés de remettre la comptabilité en ordre, et nous allons être obligés de demander un comptable à une Société de Paris. Des modèles de comptabilité-type seraient de la plus grande utilité.

GASTON LÉVY. — En ce qui concerne les modifications demandées à la loi de 1867, il est exact que la modification ne concerne que l'augmentation du capital ; il sera d'autant plus facile de demander des modifications pour les Sociétés de fusion en ce qui concerne les dépôts pour les succursales multiples et les augmentations de capital. Il faut faire un dépôt dans tous les cantons où l'on établit des succursales. Il semble que les services juridiques du Ministère des Finances se soient laissé toucher par nos arguments, mais seulement pour les Sociétés de fusion : une Société qui ne serait pas une Société de fusion devrait attendre plus d'un an pour augmenter son capital de plus de 200.000 francs ; pour les autres une tolérance serait accordée.

En ce qui concerne la comptabilité, demander à l'Office Technique de faire un manuel de comptabilité est peut-être beaucoup ; car la comptabilité est quelque chose qui s'adapte suivant les circonstances.

Nous avons déjà, à l'Office Technique, établi un projet de bilan-type qui vous sera envoyé assez rapidement. Poisson disait qu'il voulait attendre pour y joindre un compte d'exploitation-type ; c'est déjà plus difficile. Quelle que soit la Société, quelle que soit sa comptabilité, quels que soient ses services, le bilan se présente toujours dans les mêmes conditions. Pour le compte d'exploitation, c'est déjà plus difficile ; car lorsqu'il s'agit de Sociétés à services multiples, ayant des services de production, des services commerciaux ou des entrepôts, les comptes d'exploitation sont différents. Nous essaierons de faire non pas absolument un compte-type, mais un cadre dans lequel nous tâcherons de faire rentrer toutes les modalités.

Si on nous demande de faire un manuel de comptabilité, ce sera terrible ; car, quel que soit ce manuel, il suffira que le comptable de la Société ne l'accepte pas, et vous aurez tout à recommencer. Les comptables sont des gens de grande valeur, mais ayant tous des idées fixes, et quand on change de comptable il faut changer de comptabilité, ce n'est pas la peine de faire des travaux inutiles.

Un point sur lequel Poisson n'a pas insisté, c'est un projet de l'Office Technique tendant à créer une école d'employés de coopératives. C'est une chose extrêmement importante que d'appeler les camarades qui devront diriger des services à passer par une école professionnelle qui ne sera pas comme les écoles existant partout ; mais sera une école coopérative, où en même temps qu'on formera un bon employé au point de vue des achats, des ventes, de la comptabilité, on formera un employé qui connaîtra les principes coopératifs.

Nous recrutons, vous le savez, deux espèces d'employés : l'employé coopérateur, qui est parfait quand il est bon, parce qu'il est à la fois bon employé et bon coopérateur, mais on peut être un excellent coopérateur de principes sans être un bon employé.

Puis nous avons des employés professionnels, c'est-à-dire qui ont des qualités professionnelles, mais ne connaissant rien à l'esprit coopératif, et à qui il faut constamment l'expliquer. Il y a donc une école à constituer permettant de développer la science technique des employés des Coopératives.

Si nous réussissons à mettre sur pied une école de ce genre, qui pourra être aussi bien une école pratique qu'une école par correspondance, cela pourra rendre des services à toutes les Sociétés. Nous pourrons la compléter par l'institution de bourses, qui permettront à des employés de Coopératives ou à des enfants de coopérateurs de venir suivre les cours de l'école, qui pourrait être à Paris ou dans certaines grandes villes. Je crois qu'il était nécessaire d'attirer sur ce point l'attention du Congrès pour qu'il encourage l'Office Technique dans cette voie pratique.

Un Délégué: — Pour la première fois peut-être, je ne suis pas d'accord avec Gaston Lévy sur le point de la comptabilité.

Je suis d'accord avec lui sur l'éducation des employés, mais comme coopérateur et comme comptable, j'estime qu'il y a dans la coopération, au point de vue de la comptabilité, quelque chose de très important à faire ; c'est parce que dans la coopération nous n'avons pas des comptables suffisamment techniciens que la plupart des Sociétés de province nous envoient des bilans non pas faux, mais erronés. J'estime qu'un petit volume, aussi court que clair, exposant aux Sociétés Coopératives les grandes lignes de la comptabilité coopérative donnerait les meilleurs résultats.

Toutes les Sociétés partent d'une même base, qu'il s'agisse des écritures d'ouverture ou du bilan, nous sommes en matière de consommation, il n'y a pas de transformation, pas de comptabilité industrielle, mais une comptabilité commerciale, c'est-à-dire ce qu'il y a de plus simple, et il est facile d'éclairer les camarades qui ne le sont pas suffisamment. Comme comptable, je demande au Comité Technique d'étudier cette question de près.

Svob. — La question de la comptabilité est traitée depuis vingt ans et depuis vingt ans on se heurte à l'indifférence ou à l'incompréhension des Sociétés. L'ère des subventions n'est pas close ; je demande que la Fédération oblige les Sociétés touchant des subventions à fournir des états trimestriels ; cela obligera les Sociétés à avoir une comptabilité régulière et leur imposera peu à peu de bonnes méthodes comptables.

Le Président. — Le renvoi de la question à l'Office Technique est de droit sans qu'il soit besoin de le mettre aux voix.

Question XIV. — Le Comité des Régions envahies

Poisson. — Je n'aurais presque rien à ajouter au rapport que vous avez dans l'*Action Coopérative* si, depuis l'époque où le rapport a été rédigé, des éléments nouveaux ne s'étaient présentés.

Nous avons été appelés, il y a quelque temps, au Ministère du Ravitaillement ; d'autre part, au sous-secrétariat d'Etat de l'Intérieur, et on nous a demandé si le mouvement coopératif était décidé à prêter son concours à une œuvre destinée au ravitaillement des régions libérées. A la suite de cette démarche, nous avons affirmé de toutes nos forces la volonté de faire tous nos efforts. Le Ministre du Ravitaillement nous a demandé alors de lui adresser un rapport ; nous lui avons présenté ce rapport et, hier, dans une entrevue à laquelle il a bien voulu nous convier, nous avons discuté les grandes lignes de son application.

Nous avons dit que dans chacun des départements envahis nous avions des organisations coopératives assez puissantes, dont nous choisirons l'une pour l'accréditer près des Pouvoirs publics pour procéder à cette œuvre de ravitaillement. Nous avons désigné pour le Pas-de-Calais, l'*Union des Coopératives* du Pas-de-Calais ; pour la Somme, l'*Union*, d'Amiens ; pour la Meuse, la nouvelle organisation de Bar-le-Duc; pour Meurthe-et-Moselle, l'*Union Lorraine* ; pour les Vosges également. Nous avons fait voir qu'ailleurs nous pouvions et nous avions déjà constitué des organismes comme l'*Union des Coopératives* du Nord, l'*Union des Coopératives* des Ardennes, qui pourraient opérer dans ces départements, et que pour les autres nous étions à la disposition du gouvernement pour mettre debout, immédiatement, des Sociétés régionales constituées avec des coopérateurs de ces régions, qui pourraient remplir le même but.

Ces Sociétés, avons-nous dit, pourront accomplir deux besognes :

La première, c'est la reconstitution des Coopératives détruites ou qui ne fonctionnent plus.

La deuxième, c'est, dans un but d'intérêt général, pour montrer que le mouvement coopératif ne se soucie pas seulement de l'intérêt de ses adhérents, mais entend se mettre au service de l'ensemble des consommateurs et du pays, le ravitaillement de la population civile, au moment où l'autorité militaire cesse ce ravitaillement et ses répartitions.

Lorsqu'un pays a été repris, au bout de huit à quinze jours au plus tard, l'autorité militaire cesse ses répartitions à la population civile. Il y a là une période très critique, pas pour les villes, mais pour les travailleurs isolés, les cultivateurs qui ont rejoint le pays ou y sont restés, qui se trouvent ainsi dans la zone intermédiaire entre l'arrière et le front. Ils ne peuvent pas se ravitailler, il faut leur faire des répartitions.

Au début de la guerre, on avait songé aux Chambres de Commerce de Dunkerque, de Charleville et de Saint-Quentin pour ce ravitaillement, et l'État avait mis à leur disposition des sommes considérables pour la création des stocks tout prêts à servir au ravitaillement des régions libérées. Il y a des pays où ces Chambres de Commerce n'ont rien fait, mais là même où elles ont fait quelque chose, nous tiendrons à ce qu'on permette aux Coopératives de faire la même besogne. Nous ne méconnaissons pas les bons sentiments de ces Chambres de Commerce, mais comment répartiront-elles ? Par l'intermédiaire de commerçants, j'oserais dire de mercantis, parce que la distinction entre les commerçants et les mercantis, j'attends qu'on la fasse.

Nous demandons à être également admis à faire cette répartition. Nos Sociétés ne demanderont qu'une chose : être couvertes de leurs frais généraux, réduits au minimum; elles vendront à prix coûtant, leurs frais payés, aux populations, les marchandises que le gouvernement mettra à leur disposition. Nous avons même suggéré l'idée qu'on pourrait nous permettre de passer avec des auto-bazars, faire ces répartitions. Puis, dès que la population serait plus nombreuse, il faudrait établir des lieux de répartition. Nous ne demandons pas un monopole, mais nous demandons qu'on établisse normalement l'organe de régulation des prix, qui est la boutique coopérative, et comme nous ne pouvons pas songer, non seulement théoriquement, mais pratiquement, à établir autant de Coopératives que de localités, c'est sous la forme (que nous préconisons) de Sociétés à succursales multiples qu'il sera possible de nous installer.

Que demandons-nous pour cela ? Nous voulons, étant entendu que les Coopératives fonctionnent à leurs risques et périls, n'avoir pas de capitaux à engager dans une pareille affaire, et nous avons besoin aussi d'être assurés que dans les premiers temps, s'il y avait des pertes occasionnées par le fait de la guerre, nous en soyons couverts. Nous demandons donc le moyen de nous installer, et l'assurance qu'en faisant cette œuvre d'intérêt général nous ne sacrifierons pas l'argent de nos coopérateurs.

Avant-hier, le ministre nous a promis de nous accréditer près des préfets, il nous a promis d'étudier la forme sous laquelle on pourrait nous donner une aide pratique: moyens de transports, marchandises mises à notre disposition. Nous voulons que cette œuvre ne soit pas simplement l'œuvre des Sociétés qui en sont directement chargées, nous voulons que ce soit avec l'appui moral de tous les coopérateurs français, avec l'opinion unanime de ce Congrès.

Nous disons en même temps que si vous chargez certaines sociétés, si vous demandez à la Fédération nationale d'obtenir des Pouvoirs publics les fonds nécessaires, il faut, d'autre part, que les Sociétés, elles aussi, fassent un effort pour les Sociétés sœurs, les Coopératives des régions envahies. Notre souscription a monté cette année, permettez-moi de dire qu'elle n'a pas assez monté ; il faut que vous vous montriez plus dignes encore de la tâche coopérative, et, si vous avez quelques sous, les consacrer à notre Comité des régions envahies. Il faut continuer notre effort, ce n'est pas 1.600.000 francs qu'il nous faut, c'est plusieurs millions..

On reproche quelquefois à la Fédération nationale de faire très souvent appel à l'aide financière des Pouvoirs publics. Mais, camarades, en matière de régions envahies, nous ne pouvons pas refuser d'accomplir l'effort nécessaire, et, d'autre part, est-ce que vous nous donnez les fonds suffisants pour pouvoir le faire en nous passant de tout le monde ? (*Applaudissements.*)

En réalité, la tâche est telle que c'est en complétant l'un par l'autre que nous y parviendrons. Je demande au Congrès, tout en félicitant le Comité des régions envahies, de multiplier ses efforts en lui fournissant des ressources, et je vous dis : si vous êtes d'accord avec la Fédération nationale et avec les Sociétés, donnez pour tenter une œuvre de ravitaillement immédiat et une œuvre d'organisation méthodique coopérative dans toutes les localités qui seront reprises sur l'ennemi. (*Applaudissements.*)

QUESTION XV. — **Rapports financiers**

Vous avez à discuter et approuver les rapports financiers qui vous ont été présentés par la Fédération; quelqu'un d'entre vous demande-t-il la parole sur cette question ?

(Ils sont adoptés.)

LE PRÉSIDENT. — La parole est au camarade Droneau, pour donner lecture du rapport de la Commission de surveillance.

Camarades,

Conformément au mandat que vous nous avez confié, nous avons vérifié les différents comptes de la Fédération nationale des Coopératives : brochures, librairie, bulletin *Action Coopérative*, cotisations, abonnements, Caisse Fédérale et des Orphelins, et pointé les opérations comptables de l'année 1917.

Nous attestons l'exactitude des comptes « Financiers et d'exploitation », publiés dans le Bulletin n° 37 de l'*Action Coopérative*, et sommes d'accord avec le Comité confédéral en ce qui concerne les amortissements qu'il vous propose.

Nous concluons à l'adoption du bilan tel qu'il vous est présenté.

La Commission : BERLAND, CICÉ, DRONEAU, DUCROCQ, TUTIN.

Le Rapporteur, DRONEAU.

Le rapport est adopté.

Le Conseil supérieur de la Coopération

POISSON. — En ce qui concerne le Conseil supérieur de la Coopération, mes explications seront brèves, mais il faut que je les donne.

Vous vous rappelez que l'année dernière vous avez émis un vœu pour la création d'un Conseil supérieur de la Coopération. A la suite du Congrès, nous avons fait les démarches nécessaires pour sa réalisation, mais nous nous sommes trouvés devant le problème suivant: ou bien renoncer au Conseil supérieur de la Coopération tel que nous l'avions défini exactement, c'est-à-dire un Conseil s'occupant uniquement de la Coopération de consommation, ou accepter un Conseil supérieur de la Coopération s'occupant à la fois des Coopératives de consommation et des Coopératives de production.

Nous avons fait de notre mieux. Le camarade Gide, qui n'est pas ici, étant retenu en province, et auquel je veux envoyer notre hommage, a fait un rapport décisif pour montrer l'intérêt immense qu'il y aurait, étant donnée la divergence des questions qui nous préoccupent, à faire deux Conseils. Bref nous sommes arrivés à quelque chose qui s'en rapproche. Il y a un seul Conseil supérieur de la Coopération, mais avec deux sections distinctes: l'une pour les Coopératives de production, l'autre pour les Coopératives de consommation.

Nous nous sommes mis assez facilement d'accord sur le nombre des représentants de la Coopération en face des représentants de l'Administration, et nous avons obtenu le décret instituant notre Conseil supérieur à la date du 22 mars.

Notre Office Technique a d'ailleurs été consulté sur chacun des décrets et des arrêtés concernant cette question. Mais là se posait un problème difficile, sur lequel je vous dois quelques explications.

Les élections étaient fixées au 15 juin. Or nous estimons qu'il était de notre devoir de présenter, dans une unité et une homogénéité complète, une liste aux Sociétés qui devaient élire le Conseil.

Comment pouvions-nous préparer cette liste ? Nous aurions voulu demander à nos Fédérations régionales de présenter des candidats, et aux Sociétés d'en présenter aux Fédérations régionales; mais pour établir la liste et choisir les candidats il fallait un organe ayant suffisamment d'assiette. Nous ne pouvions pas réunir un Congrès spécialement, et comme le Comité confédéral, représentant toutes les Fédérations régionales, se réunissait le 31 mars, nous avons préféré l'en saisir et lui laisser le soin de choisir la liste.

Voilà pourquoi, je dis cela pour répondre aux observations qui nous ont été faites par quelques Sociétés, le Comité confédéral a été appelé, le 31 mars, à choisir une liste. Nous l'avons choisie d'ailleurs au mieux, puisqu'à l'élection nos camarades ont été élus presque à l'unanimité des voix. Cinq ou six voix seulement leur ont fait défaut, et les 12 candidats présentés par la Fédération nationale ont été élus.

Nous nous félicitons de cette élection, qui montre à la fois l'ascendant pris par la Fédération, et aussi avec quelle discipline touter les Sociétés coopératives sont liées dans un sentiment de sollidarité.

Le Conseil supérieur de la Coopération va siéger entre le 20 et le 25 octobre, l'ordre du jour sur lequel nous avons été consultés, est le suivant :

Modification à la loi du 7 mai 1917; projet dont je vous ai entretenu tout à l'heure.

Question des économies, dont nous reparlerons.

Question des bénéfices de guerre, qui intéresse beaucoup les Sociétés.

Question des Offices publics d'alimentation, c'est-à-dire le projet Thomas.

Enfin, diverses questions de détail et d'organisation.

Les Coopératives de production ont demandé la mise à l'ordre du jour d'un certain nombre de questions qui les intéressent ; l'une d'entre elles sera à examiner en commun, c'est la question du rachat des Coopératives de production par les Coopératives de consommation dans les limites où ces Coopératives de production ont des crédits provenant de la dotation faite aux Coopératives de production. Ceci nous permettra de poser en même temps le problème coopératif tel que nous l'entendons, c'est-à-dire l'organisation sociale coopérative reposant sur la mainmise des coopérateurs sur la gestion des organes de production.

Nous nous félicitons de cet ordre du jour pour lequel M. Fontaine nous a montré la plus grande sympathie ; nous espérons que le Conseil pourra ainsi apporter des solutions favorables à nos désirs.

PREMIÈRE SÉANCE DU 23 SEPTEMBRE 1918

La séance est ouverte à 9 h. 40.

Président: Auerbach; assesseurs: Dosmond et Raugé.

LE PRÉSIDENT. — La séance est ouverte. La parole est à notre secrétaire général Poisson sur la question du ravitaillement.

POISSON. — Camarades, la question qui vient à l'ordre du jour ce matin est certainement une de celles qui préoccupent le plus les congressistes. J'espère que ce débat sera utile à nous faire connaître aux uns et aux autres non seulement les difficultés que nous avons rencontrées pour le ravitaillement des Coopératives, mais aussi les obstacles qu'on a trouvé devant soi pour le ravitaillement général des consommateurs. Mais il faudrait que ce débat ne soit pas qu'utile, et qu'il ait un résultat. Ce ne sont pas seulement des observations, des récriminations sur des questions particulières qui doivent faire l'objet du Congrès, et c'est au point de vue de l'intérêt général que nous demanderons aux délégués et aux orateurs de bien vouloir se placer.

Vous m'excuserez, pour ma part, d'être un peu long, en indiquant à tous les représentants des Coopératives l'état de la question du ravitaillement, et en nous plaçant à deux points de vue:

D'abord, au point de vue de nos organisations coopératives elles-mêmes.

Puis en examinant le problème **au point de vue des consom**mateurs.

Enfin, nous verrons s'il n'y a pas un programme d'action que nous puissions proposer et soumettre aux Pouvoirs publics.

Je prends d'abord le ravitaillement de nos Coopératives.

Notre Fédération nationale a, au cours de l'année 1918, depuis le Congrès de 1917, multiplié ses démarches et ses interventions pour essayer, dans la mesure du possible, de faire rendre justice et donner satisfaction à nos sociétés. Quoiqu'en pensent, ou plutôt quoique veuillent en dire nos adversaires, les intermédiaires de toute espèce, du haut en bas de l'échelle commerciale, on n'a donné aux Coopératives aucun privilège, quelquefois pas même l'égalité des droits. Il est tout à fait inexact et faux de prétendre que, malgré la sympathie affirmée des Pouvoirs publics, nos Coopératives ont été toujours bien traitées. C'est avec peine, avec difficulté, en multipliant nos démarches, que nous sommes arrivés à tenir tête à la coalition des organisations commerciales réunies contre nous.

En ce qui concerne nos sociétés, dès le lendemain du dernier Congrès, nous avions été trouver les ministres compétents: c'étaient alors MM. Doumer, Loucheur, Maurice Long, pour leur présenter vos revendications. Nous nous sommes trouvés tout de suite en présence d'une organisation en train de se constituer, qui nous a donné beaucoup d'espoir, et pas mal de réalités. C'est celle dont Albert Thomas, à la fin de son ministère, avait pris l'initiative et qui s'appelle l'Office de ravitaillement du Ministère de l'Armement. Mais cet Office ne visait pas l'ensemble des Coopératives; il était destiné aux Coopératives qui avaient dans leur sein des ouvriers de la défense nationale.

Dès le début, nous eûmes une première lutte à engager. Cet Office avait été fait pour les ouvriers de la défense nationale, et il y avait non seulement des Coopératives, mais des institutions qu'on a qualifiées depuis du mot de philanthropiques, qui, en réalité, étaient, pour la plupart, des organisations patronales ou même des économats condamnés par la loi.

Sans doute nous ne devons pas trop en médire. Si notre mouvement avait été assez fort, si nos organisations avaient été assez puissantes, il n'y aurait pas eu lieu de songer à cela. Il faut tenir compte que c'est grâce à l'indifférence fréquente des consommateurs pour la Coopérative et à l'apathie des travailleurs que nous devons de ne pas avoir, dans un certain nombre d'endroits, des Coopératives suffisamment fortes pour faire face à de nouveaux besoins.

Quoiqu'il en soit, il y avait lieu de défendre, par rapport à ces organisations nouvelles, nos Coopératives. Nous avons demandé et obtenu que nos Coopératives et les institutions philanthropiques ne soient pas traitées dans le même ordre. Dans l'organisation qui allait se faire par régions, nous avons demandé qu'il y ait des groupes A et des groupes B. Je tiens devant le Congrès à donner ces explications, car tout s'enchaîne; c'est nous qui avons obtenu cette division. Si nous avions créé un seul groupe régional, il pouvait s'y trouver beaucoup de représentants des organisations philanthropiques, peu de représentants des Coopératives, tandis qu'avec les groupes A et B nous étions assurés d'avoir directement nos répartitions.

En ce qui concerne le choix des chefs de groupes, je sais que certaines critiques ont pu être faites. On nous a dit: pourquoi la Fédération nationale a-t-elle choisi elle-même ou présenté des chefs de groupes, alors qu'il aurait mieux valu que ce fussent ou les Sociétés ou les Fédérations régionales qui soient appelées à les désigner?

Nous avions, il est vrai, présenté nous-mêmes au Ministère la répartition des groupements. On n'en a pas tenu complètement compte, mais dans une large mesure, les groupes A ont été divisés comme ils le sont, sur nos propositions.

Nous avions proposé exactement le cadre de nos Fédérations régionales; mais on nous a objecté que par suite de l'accumulation des ouvriers tel département devait être rattaché plutôt à tel ou tel groupement A. Nous avons fini par accepter.

En ce qui concerne les chefs de groupes, nous avons été appelés à les désigner dans l'espace de quatre jours. Il y avait deux partis à prendre; ou laisser le ministère, qui ne connaît pas beaucoup notre mouvement, faire le choix de ces coopérateurs, ou nous-mêmes essayer de désigner un camarade au mieux, parmi les plus actifs. Voilà comment nous avons été appelés non pas à désigner, mais à présenter une liste de candidats comme chefs de groupes.

Je dois vous signaler que tous ceux que nous avons présentés n'ont pas été acceptés, mais sur plus de vingt, il n'y en a eu qu'un ou deux qui n'ont pas été présentés par nous. Dans certaines Fédérations, nous avions présenté deux camarades, mais le Ministère ne les a pas nommés.

Voilà donc les groupements constitués. Mais nous craignions qu'au Ministère, non pas parmi ceux qui dirigeaient, qui nous étaient sympathiques, mais dans leurs bureaux, nous ne trouvions pas d'une façon régulière et permanente les sympathies qui devaient nous assurer la justice dans la répartition. Nous avons alors demandé la création d'une Commission permanente, devant se réunir hebdomadairement, qui aurait en somme le contrôle de l'Office.

Cette Commission a été nommée. Les groupes B ont deux représentants: Citroën et Guériteau; les coopérateurs ont deux représentants: Gaston Lévy et moi-même. A cette Commission permanente, nous avons essayé, au cours de l'année, de faire la meilleure besogne possible en défendant vos intérêts.

Il y a eu d'abord à savoir quels étaient ceux qui auraient droit au contingentement, aux secours de l'Office du Ministère de l'Armement. Nous avons soutenu cette thèse que toutes nos Coopératives devaient y avoir droit du moment qu'elles auraient dans leur sein quelques ouvriers de la défense nationale. Nous avons même obtenu que les Coopératives d'employés de chemins de fer soient considérées comme des Coopératives d'ouvriers de la défense nationale; nous l'avons demandé aussi pour les mineurs et nous l'avons obtenu. Nous avions même défendu cette thèse à l'égard de quelques petits fonctionnaires; sur ce point nous n'avons pas eu satisfaction.

Toutes nos Coopératives ont été admises en principe, du moment que dans leur sein elles avaient quelques ouvriers de la défense nationale.

Restait à régler la façon dont on ferait le contingentement. Nous avons pensé que le contingentement devait être fait totalement entre les groupes A et les groupes B. Si on l'avait fait régionalement nous avions peur que les interventions ne nous empêchent d'avoir dans chaque région la part proportionnelle à laquelle nous aurions eu droit.

Enfin nous avons demandé qu'après le contingentement pour ces deux groupes une répartition soit faite entre les différents groupes d'après un système de justice. Sur ce point nous n'avons peut-être pas été d'accord avec la totalité de nos groupements. Je dis avec la totalité; car un ou deux, je crois, auraient préféré une autre règle de répartition. Nous avons soutenu que la véritable règle de répartition, c'était d'après le chiffre d'affaires. Les représentants des groupes philanthropiques ont, naturellement, demandé que ce soit le nombre des ouvriers intéressés à leurs propres usines, et les industriels marquent, naturellement, comme intéressés à leurs organismes d'alimentation, l'ensemble de leur personnel. Par exemple, Renault, à Boulogne, inscrit dans son propre groupe les 23.000 ou 24.000 ouvriers qu'il a dans ses usines. Or, sur ces 23.000 à 24.000 ouvriers inscrits à son économat, il y en a peut-être quelques centaines qui vont s'y fournir, et seulement pour les denrées du Ministère de l'Armement, alors que nous, nous fournissons toutes les denrées, et que nous avons des coopérateurs qui ne viennent pas pour une marchandise, mais qui représentent la totalité de leur consommation. Voilà pourquoi nous étions partisans de faire le contingentement par le chiffre d'affaires.

On ne nous a pas donné entièrement satisfaction. On a adopté le principe, mais le Ministre s'est réservé de tenir compte en même temps du nombre des ouvriers et même des difficultés de ravitaillement suivant les régions, voulant en favoriser quelques-unes. Sur ce point nous étions d'accord; nous pensions qu'une région comme la région lorraine, où les ouvriers travaillent dans des conditions difficiles et où le ravitaillement est encore plus gêné que dans les autres pays, avait droit à un contingentement plus fort.

Voilà donc l'Office bâti, il a grandi, il a prospéré.

Nous avons obtenu que chaque mois les chefs de groupes se réunissent à Paris. Ces réunions sont fort intéressantes, le contact entre nos chefs de groupes se réalise ainsi de lui-même. Cela n'a pas été sans doute sans heurts, beaucoup de questions de détail se sont posées, mais nous osons dire, parce que c'est vrai, que l'Office du Ministère de l'Armement a rendu de très grands services à nos organisations coopératives, nous tenons à le dire pour en remercier le Ministère. (*Applaudissements.*)

Cependant au bout de quelques mois de fonctionnement, nous avons vu que, peut-être grâce à un peu de naïveté de quelques Coopératives qui avaient déclaré ne pas avoir d'ouvriers de la défense nationale, des Sociétés ne participaient pas à la répartition et au contingentement.

Nous avons alors demandé que fût constituée, non pas au Ministère de l'Armement, que la question ne regardait plus, mais au Ministère du Ravitaillement, une organisation de répartition en faveur non plus des Coopératives de l'Armement, mais de toutes les Coopératives.

A ce propos est venu à l'ordre du jour le problème des groupes A bis. Dans ces groupes étaient inscrites toutes les Sociétés coopératives, quelles qu'elles soient: j'ai, en particulier, remis la liste de toutes les Sociétés, sans exception, appartenant à la Fédération nationale.

Le Ministère du Ravitaillement devait donc, en principe, être chargé tout spécialement du ravitaillement de ces Sociétés. Mais le Ministère du Ravitaillement, à mesure qu'il prenait de l'importance, avait entre ses mains un certain nombre de produits, il les donnait à l'Office de l'Armement, et il pouvait les donner, d'autre part, aux Sociétés A bis.

Par une entente survenue au cours de l'année, le groupe A bis a été réuni au groupe A, avec les mêmes chefs de groupes, il y a eu alors deux sections: les Sociétés de l'Armement, et les autres.

Seulement des difficultés surgissaient. Des Sociétés, après avoir répondu à la demande de renseignements statistiques du Ministère de l'Armement, voyaient qu'elles touchaient bien pour les ouvriers de la défense nationale, mais que lorsque des contingentements étaient faits par les préfets, on ne leur donnait rien; et lorsqu'elles avaient dans leur sein à la fois des ouvriers de la défense nationale et d'autres travailleurs, elles ne recevaient pas pour les deux catégories. La situation n'était plus tenable, et les difficultés augmentaient pour nos Sociétés.

Nous avons alors réclamé une unification des services du Ministère du Ravitaillement et du Ministère de l'Armement. La question a beaucoup traîné, les deux bureaucraties ont défendu chacune leur point de vue, leurs cadres et leurs institutions. Pour nous, ce que nous voulions, c'était une institution unique pouvant donner satisfaction aux intérêts de nos Coopératives sans perdre aucun des avantages acquis. Démarches sur démarches, entrevues sur entrevues, conférences sur conférences. Enfin, après avis de notre Conseil central, nous avons écrit, au début d'août, au Ministère du Ravitaillement, une lettre dont vous avez tous reçu copie.

Cette lettre affirmait à la fois, puis-je dire, une politique d'offensive et une politique de retraite.

Notre politique d'offensive était celle-ci: nous demandions au Ministère du Ravitaillement de bien vouloir, d'abord, unifier tout cela, en sorte que nous n'ayons qu'un seul organe de répartition et que la répartition se fasse à Paris par un organe central, car nous préfets pouvait présenter un danger. (*Oui! oui! oui!*)

Dans certains départements, je le reconnais, la sympathie des préfets pour le mouvement coopératif était véritablement efficace; mais le préfet est, à mon avis, beaucoup plus sujet à subir l'intervention des organisations régionales, des syndicats de commerçants, même d'hommes politiques réclamant pour leurs municipalités ou même pour des amis politiques. (*Applaudissements.*) Voilà pourquoi nous préférions l'organisation centrale unifiée.

Malheureusement nous n'avons pas eu satisfaction. Le Ministère du Ravitaillement tenait à sa répartition départementale, savez-vous pourquoi? Ce n'est pas une question de principe, c'est qu'il se sentait incapable d'organiser à Paris un service complet de ravitaillement pour la France, et, suivant une formule bien connue, il est plus facile de se débarrasser sur 86 personnes qui s'appellent des préfets de tous les ennuis et de toutes les difficultés.

Une raison qui a sa valeur, c'est que si on peut faire des avantages aux ouvriers de la défense nationale, le Ministère du Ravitaillement peut aussi considérer les Coopératives comme des organisations de régularisation des prix, et il est en somme chargé du ravitaillement général de la France.

CLAMAMUS. — Les Coopératives sont des organisations de la défense nationale.

POISSON. — Oui, mais nous ne sommes pas encore toute l'alimentation française, et il est clair que le Ministre du Ravitaillement n'a pas que les Coopératives à fournir. Ce que nous avons le droit de demander, c'est d'être bien traités, parce que nous devons être un organe de régularisation des prix extrêmement important dans la crise actuelle.

Après notre essai d'offensive, qui n'a pas réussi, nous avons tracé une ligne de retraite. Elle était la suivante:

Puisque vous exigez, disions-nous, l'organisation départementale, donnez-nous au moins des garanties. Et nous avons demandé les garanties que voici.

Nous avons dit d'abord: il faut des Offices départementaux partout, c'est-à-dire que ce ne soit pas seulement la bonne volonté des préfets qui établisse les contingentements. Dans ces Offices, il est naturel que figurent les représentants des commerçants, mais il faut qu'il y ait une part extrêmement large faite aux organisations coopératives.

Puis, — et c'est le point le plus important, le point essentiel, — il faut que la répartition, dans chaque département, aux Coopératives, ne soit pas faite par l'intermédiaire des commerçants de gros. Il faut que les Coopératives soient une partie prenante, et que, par cette partie prenante, il y ait une répartition entre elles sans avoir besoin du secours ou de l'intermédiaire des commerçants d'à-côté. Il faut donc un répartiteur coopératif départemental.

Voilà les trois garanties que nous demandions: offices partout, — représentation extrêmement large des Coopératives, — répartiteur coopératif départemental.

Nous ajoutions qu'en ce qui concerne le contingentement, lorsqu'il y aurait lieu à contingenter les demandes des préfets entre toutes les parties prenantes, ce contingentement soit fait aux Coopératives par priorité et nous demandions, en dernier lieu, que lorsque les marchandises arriveraient les Coopératives soient servies avant toutes les parties prenantes.

Tel est le terrain sur lequel nous nous sommes placés pour défendre vos intérêts.

Voici maintenant ce que le Ministère du Ravitaillement nous a accordé; vous allez en voir l'importance. Celle-ci peut être considérable, à condition que vous vous montriez énergiques pour l'application de ce qui nous a été non pas promis, mais accordé en toute bonne foi par le Ministère.

On nous a dit d'abord: Offices départementaux partout? Oui. Nous obligerons les préfets à les créer, s'il en est qui ne fonctionnent pas comme nous l'entendons, on les transformera.

En second lieu, large représentation des Coopératives? Nous ne discuterons pas le nombre, mais suivant les régions vous aurez deux, trois ou quatre représentants.

Là, je me permets de vous indiquer la critique. Dans la pensée du Ministère comme dans la nôtre, ces Offices devaient compter 10 à 12 personnes; or, il y a des préfectures où on a nommé 60 à 80 personnes. Tous les maires importants, tous les députés, tous les conseillers généraux influents et tous les gros commerçants y sont entrés.

Nous avons dit: C'est bien, mais qui choisirez-vous pour représenter les Coopératives? C'est le Préfet qui crée l'Office, quels sont ceux qui seront choisis? Notre désir était d'inviter les coopérateurs du département à se réunir pour choisir un délégué. (*Très bien! très bien!*). Mais le Ministère n'a pas voulu. Le Ministère a dit: vous avez des Fédérations départementales, combien de temps faut-il pour réunir chacun de vos congrès?

Un Délégué. — Huit jours.

Poisson. — Non, ne nous faisons pas d'illusion, ce n'est pas exact. Il faut avoir l'expérience de nos Coopératives pour savoir qu'on ne peut faire cela en 24 heures ni en huit jours; vous réunir est plus compliqué que cela.

Un autre Délégué. — Il faut un mois.

Poisson. — Au moins. Nous étions au 8 août. Le Ministère dit: notre circulaire aux préfets partira le 15 août. C'est aux préfets de choisir. Nous consentons, si vous voulez, à leur donner des indications; si vous nous donnez une liste de représentants des Coopératives, nous inviterons les préfets à en tenir compte.

J'ai signalé le danger. J'ai dit: les préfets connaissent peu le mouvement coopératif, ils ont tant de choses à faire! Ils sont habitués à demander des renseignements à leurs bureaux, aux chambres de commerce ou aux hommes politiques qui les entourent, et sans vouloir en médire, peut-être choisiront-ils des coopérateurs qui ne seront pas toujours les plus qualifiés pour défendre avec connaissance et utilité les intérêts coopératifs dans une Commission départementale.

Alors j'ai préféré — et je m'en excuse près du Congrès — remettre une liste pour être envoyée aux préfets que de ne rien donner du tout et laisser les préfets faire leur choix au hasard. Nous avions tellement raison que dans quelques endroits déjà les Offices étaient créés et dans aucun, presque, on n'avait pris véritablement les camarades coopérateurs capables de nous défendre.

Dans tel département c'est un vieil ami personnel à moi, coopérateur depuis vingt ans, que le Préfet a choisi. C'est le plus honnête homme de la terre, mais cela ne suffit pas, il faut des connaissances; il savoir se défendre vis-à-vis des administrations préfectorales et surtout quand on est en face des grandes oorganisations commerciales, chambres de commerce et syndicats de commerçants.

Une critique a été faite dans une ou deux Fédérations régionales. On a dit : La Fédération nationale agit toujours rapidement — nos amis reconnaissent notre activité — mais elle aurait dû consulter les intéressés.

Nous l'aurions fait volontiers si c'eût été possible; mais nous n'avions pas le temps: nous étions obligés ou de remettre immédiatement une liste, ou de ne donner aucun nom. Il fallait faire cette liste en trois jours.

Comment l'avons-nous faite? C'est simple. J'ai pris dans chaque région, d'abord, quand c'était possible, le chef de groupe, puis les administrateurs-délégués des plus grosses Sociétés. C'est tellement vrai que, comme je n'ai pas la mémoire des noms, souvent il m'est arrivé de mettre: « l'administrateur-délégué de telle Société », dont je ne me rappelais pas le nom.

Cette liste a été remise au Ministère du Ravitaillement.

En ce qui concerne les garanties pour le contingentement, on nous a dit au Ministère du Ravitaillement: c'est le préfet qui aura la responsabilité de contingenter; mais nous admettons fort bien le principe de toute réclamation passant par votre canal. Pour les départements lésés et dans tous autres cas où nous reconnaîtrions que le contingentement fait aux Coopératives n'est pas suffisant, nous l'augmenterons, nous nous réserverons une part complémentaire pour vous donner satisfaction.

En ce qui concerne la rareté des marchandises, nous ne pouvons pas vous donner la priorité, mais nous donnerons comme règle que les marchandises arrivées devront être réparties aux parties prenantes proportionnellement au contingentement fait par chaque département.

Il restait et il reste encore un dernier point extrêmement important: c'est celui du répartiteur accrédité.

Nous avons été appelés, sur la liste des délégués à l'Office, à nommer en tête un camarade qui en réalité est le vrai responsable, chargé de la répartition entre toutes les Coopératives. Quelle règle avons-nous suivie pour ce choix?

Nous avions demandé que ce soit les chefs de groupes de l'Armement qui soient désignés dans chaque département correspondant, si je puis dire, à leur circonscription. C'est ainsi que notre ami Lhuillier de la Lorraine, avait été désigné pour plusieurs départements. On nous a fait remarquer, assez justement, qu'étant donnée l'organisation départementale, il serait impossible à chaque chef de groupe d'être à la fois dans trois ou quatre Offices départementaux, qu'il leur serait difficile de discuter avec les parties prenantes et que, dans notre propre intérêt, il fallait que quelqu'un soit à l'Office. Souvent on peut correspondre, mais il ne s'agit pas de correspondre, il s'agit de défendre des intérêts.

Nous avons donc été obligés de renoncer au choix du chef de groupe pour plusieurs départements.

Dans les autres départements, on nous a demandé de prendre un chef de groupe autant que possible au chef-lieu du département. Voilà pourquoi, dans les désignations que nous avons faites, nous avons pris en général l'administrateur-délégué de la Société qui est au chef-lieu, parce qu'il faut qu'il soit toujours prêt à assister aux réunions.

Cette nouvelle organisation doit être appliquée à partir du 1er octobre prochain.

Voilà où en est la question. Voilà les résultats obtenus, les droits conquis, mais entre ces garanties obtenues, ces droits conquis et leur application, vous savez qu'il y a l'espace de la coupe aux lèvres. Maintenant il faut surveiller l'application des garanties que nous avons obtenues. C'est chose assez importante, c'est la vie même de nos Coopératives qui est en jeu.

L'Office du Ministère de l'Armement subsiste pour les produits spéciaux qui sont contingentés et qui lui sont donnés à lui spécialement, tels que le vin, le chocolat, et il continue à fonctionner avec la forme régionale, avec les chefs de groupes, mais seulement pour certains produits qui ne sont pas à la disposition de tout le monde. Il y a donc deux organismes: l'un pour le ravitaillement général, l'autre pour les ouvriers de la défense nationale et pour certaines denrées particulières.

Maintenant passons à l'application.

Le Ministère de l'Armement et le Ministère du Ravitaillement, auxquels nous avons posé la question avant la réunion des chefs de groupes, qui avait lieu samedi pour l'armement et quelques jours avant pour le ravitaillement, nous disent: Nous sommes décidés à tenir les promesses qui vous ont été faites, mais il faut que votre Fédération nationale, maintenant que les règles générales sont fixées, nous signale les cas particuliers. Il faut nous signaler d'abord là où il n'y a pas d'Offices départementaux de créés, là où ils ont été créés dans des conditions irrégulières, là où les Coopératives n'ont pas leur répartition, là où on n'a pas nommé les représentants que vous avez désignés, là où on n'a pas choisi le répartiteur que vous avez proposé, et il est entendu que la répartition doit se faire dans chaque département en bloc, par ce répartiteur, sans passer par aucune autre organisation commerciale.

Voilà ce qu'il importe d'appliquer. Demain matin les représentants du Ministère du Ravitaillement viendront pour recevoir vos observations. Il faut savoir si dans votre département ces décisions sont appliquées et quelles sont les réformes qui ont été faites. Pour vous permettre de connaître les coopérateurs que nous avons désignés et les répartiteurs départementaux, nous tenons une liste à votre disposition. Avec cela, vous pourrez demain, au Ministère du Ravitaillement présenter vos observations.

Voilà une première œuvre. Mais il faut qu'à la suite de ce Congrès je reçoive de tous les départements, par l'intermédiaire des Fédérations régionales, une lettre me disant, d'ici dix jours, quel est l'état de l'organisation, si l'Office est créé, comment il est constitué, si pour nous représenter on a bien choisi nos délégués, s'il y a un répartiteur accrédité. Voilà la besogne pratique que vous avez aujourd'hui à discuter, qu'ensemble nous devons appliquer. Dans les huit jours qui vont suivre, il appartiendra aux Fédérations de veiller à son application.

J'en ai fini sur ce point, je vous demande pardon d'avoir été un peu long, mais la question était, je crois, intéressante. (*Applaudissements.*)

J'arrive maintenant à une deuxième partie de mes observations. Ces observations vont porter non plus sur le ravitaillement des Coopératives, mais sur le ravitaillement en général. La Fédération nationale, à mon avis, doit toujours avoir dans la pensée qu'elle est là non pas seulement pour défendre des organisations particulières, mais pour défendre d'une façon plus générale l'intérêt des Coopérateurs, l'intérêt des consommateurs qui se confond avec l'intérêt des coopérateurs. (*Applaudissements.*)

En conséquence, nous ne devons pas seulement nous occuper de ce qui fait la vitalité et la force de notre mouvement, mais soutenir que la Coopération est faite pour les consommateurs et non les consommateurs pour la Coopération, et qu'en conséquence tous les problèmes du ravitaillement doivent être envisagés d'une façon générale.

Voici quelques exemples de ce que nous avons tenté en ce sens:

En matière de sucre, vous savez que notre ami Garbado a eu une part active, je puis dire presque prépondérante, dans l'organisation du ravitaillement en sucre des départements. Je crois vous avoir déjà dit l'année dernière que c'est lui qui en a rédigé, pour ainsi dire, préalablement le projet.

Depuis, nous vous signalons que nous avons obtenu, dans un certain nombre de départements, que le ravitaillement en sucre soit fait directement à un ensemble des Coopératives constituant un organisme de gros. C'est le cas, par exemple, pour la Seine-Inférieure. A mon grand regret, malgré nos circulaires, malgré nos appels dans l'*Action Coopérative*, qu'on ne lit pas assez, dans votre propre intérêt, toutes les Sociétés n'ont pas créé dans chaque département cet organisme de gros; il y a des départements où on est obligé encore de passer par des organisations commerciales.

Si vous rencontrez des difficultés dans les préfectures, il faut nous en saisir. Garbado a déjà fait obtenir satisfaction dans sept ou huit départements où on essayait de nous créer des obstacles.

En ce qui concerne la chaussure, votre Fédération nationale, après le Congrès dernier, s'est occupée d'en obtenir. Je suis même convaincu que si aujourd'hui il y a de la chaussure nationale non seulement dans les Coopératives, mais dans le commerce, c'est à la Coopération qu'une partie de la population le doit.

Les fabricants et les marchands de chaussures étaient décidés à boycotter intégralement la chaussure nationale, inutile de vous dire pour quelles raisons. Ils sentaient que la création d'une chaussure à bon marché, d'un type solide, pouvait arrêter une hausse générale des prix, qui en matière de chaussures est fantastique et ne correspond pas à l'augmentation des matières premières. Nous avons dit: nous sommes prêts à faire un effort, nous fabriquons déjà par notre Magasin de Gros; il est prêt à faire un nouvel effort, et, d'autre part, nos Sociétés sont prêtes à en vendre.

Nous avons trouvé près de l'Intendance militaire et particulièrement près de M. Dadillon, chargé de ce service, l'aide la plus précieuse et en passant je tiens à l'en remercier, parce que c'est grâce à lui et à M. Mauger, député, que nous avons obtenu d'être bien traités.

Vous savez que l'effort de notre Magasin de Gros est considérable. Il aurait pu l'être davantage, ce n'est pas de notre faute si notre usine d'Amiens a été obligée de fermer et si celle de Lillers a été obligée de fermer aussi.

Je marque en passant ces deux points de notre action.

Une autre question qui doit se présenter à tous vos esprits, c'est celle des wagons-réservoirs et du vin.

En ce qui concerne les wagons-réservoirs, la situation au début s'est assez bien présentée. On a créé un parc de wagons-réservoirs composé de 400 wagons. Ce parc était destiné aux œuvres publiques, on nous avait indiqué que pour une large part les Coopératives en bénéficieraient, et on avait même institué un organe par lequel la Fédération nationale, en laquelle on a confiance, était appelée à donner son avis sur les demandes, afin d'avoir un contrôle et de voir si certaines Sociétés n'abusaient pas en formulant des demandes supérieures à leurs besoins. Nous étions simplement chargés de donner un avis: je vous signale ce point pour répondre à des questions particulières.

Il y a des Sociétés qui s'en prenaient à nous si les wagons n'arrivaient pas. Nous n'y étions pour rien; nous ne les avons jamais eus en mains ni distribués; on nous demandait simplement notre avis pour savoir si la demande de la Société était justifiée.

Mais ce parc, qui nous était destiné, a été détourné souvent de son but, et je voudrais que notre Congrès d'aujourd'hui élevât une protestation vigoureuse sur la façon dont est organisé le service des parcs à wagons-réservoirs. Avec notre ami Waseige, spécialisé dans cette question, nous pouvons dire qu'au cours de l'année nous avons été plus de trente fois demander des modifications au service des wagons. Nous avons parlé à dix ministres, à quinze chefs de service, on ne voyait que nous.

Pour ce parc des wagons-réservoirs, on a d'abord étendu le nombre des bénéficiaires. On a admis les Coopératives militaires, nous n'y voyons pas d'inconvénient, mais on aurait pu prendre pour elles sur les réquisitions de l'Intendance; on a ainsi diminué la part de la Coopération civile, et nous savons de façon certaine qu'on a détourné des wagons-réservoirs au bénéfice de particuliers et d'intermédiaires privés.

Qu'y a-t-il d'étonnant à cela? On réquisitionne 400 wagons-réservoirs pour les œuvres d'utilité publique, et savez-vous qui gère ce parc, qui a perdu 65 wagons en deux ans? Le parc est géré, à Montpellier, par un Comité composé des anciens propriétaires des wagons réquisitionnés, qui sont en même temps des marchands de vin. Vous comprenez que ces anciens propriétaires, gérants d'un service public, n'ont aucun intérêt à le faire bien servir dans l'intérêt de leurs concurrents et n'ont aucune sympathie pour les organisations coopératives.

Un Délégué. — Qui a nommé ces propriétaires?

Poisson. — C'est le Gouvernement qui a établi cet organisme sans faire appel à nous. Nous avons protesté; on a changé le Comité une première fois, mais on l'a renommé sous une autre forme et sous un autre nom. Eh bien, là-dessus, il faut une protestation du Congrès. Il faut dire, si nous voulons être justes et ne pas nous occuper seulement de nos propres intérêts, qu'à l'heure actuelle, pour la question des vins, il n'y a qu'une solution qu'on aurait dû prendre: c'est la réquisition, par la nation, de tous les wagons-réservoirs (*Applaudissements*); car on aboutit aux plus grandes injustices et en même temps à des systèmes déplorables. Tout le monde sait qu'on peut avoir parfois des wagons, malgré toutes les taxes possibles et imaginables, il suffit d'y mettre le prix, il s'agit de démoraliser des hommes. C'est encourager un système lamentable: la seule solution serait la réquisition de ces wagons.

En tout cas, si l'on ne veut pas aller jusque là, en dehors de ce Comité de gestion, il faudrait accepter ce qu'avait proposé Waseige: mettre à la disposition de la Coopération un certain nombre de wagons que nous pourrions faire voyager. Mais c'est ce qu'on ne veut pas, il faut les garder pour les organisations qui se présentent et font beaucoup de bruit.

Je sais qu'il y a telles Sociétés qui, en dehors de notre action générale, commune, juste, vont trouver leur député — si c'est dans une région modérée, c'est le député conservateur; si c'est dans une région ouvrière, c'est le député socialiste; elles vont trouver la bureaucratie du Ministère de l'Armement en disant: dans notre région, cela va mal, il faut un wagon. Et le Ministre sort de son tiroir un des wagons qu'il a mis en réserve pour calmer les réclamations.

Nous estimons qu'il est indispensable de donner au mouvement coopératif un certain nombre de ces wagons.

Je passe à la question des pommes de terre. Elle va devenir un problème extrêmement aigu. Nous savons, d'après les renseignements qui nous ont été communiqués, que la récolte est tout-à-fait déficitaire. D'aucuns prétendent qu'elle sera plus nutritive; d'aucuns prétendent qu'elle se conservera mieux. Mais si c'est vrai, comme je le souhaite, il n'empêche qu'elle est très déficitaire et qu'il importe de réclamer du gouvernement et des Pouvoirs publics des mesures pour parer à une crise certaine. Le plus grave, c'est qu'on va attendre que la crise soit suraiguë pour essayer de faire quelque chose. A l'heure actuelle, on ne contingente rien, on ne prend aucune mesure; en décembre, on nous dira qu'il n'y a plus de pommes de terre du tout.

Nous, qui devons montrer l'esprit de prévoyance, nous devons dire au Gouvernement qu'il faut, dès maintenant, prendre des mesures ou que sans cela nous n'aurons plus de pommes de terre de décembre à avril. Et comme il manquera beaucoup d'autres choses, nous aurons une crise plus terrible que l'année dernière.

Plusieurs mesures seraient nécessaires. J'ai entendu des camarades préconiser l'interdiction de sortir les pommes de terre d'un département dans l'autre, parce qu'elles se gâtent. Mais dans l'état actuel des choses, il faudrait, au contraire, les laisser sortir des départements où il y a une surproduction, et répartir l'ensemble de la récolte sur tous les mois à venir jusqu'à la nouvelle récolte, sans cela nous verrons la situation devenir angoissante.

Peut-être pourrait-on envisager une réquisition des pommes de terre. Mais c'est difficile, il ne faut pas s'attacher exclusivement aux mots, mais voir la réalité des faits. Je suis votre représentant avec Waseige à l'Office central des vivres; il ne suffit pas d'émettre des formules, il faut discuter avec des chiffres, avec des adversaires, avec des hommes compétents. Nous voyons que, quand il faut entrer dans la réalité, les formules quelquefois s'évanouissent. Leur idée essentielle est vraie, mais l'application en est difficile.

En ce qui concerne la réquisition des pommes de terre, il y a de très grandes difficultés; mais en tout cas, ce que nous pourrions demander, au moins pour les grands centres et les milieux industriels — car dans les campagnes on aura des pommes de terre, quoiqu'en petite quantité, — c'est que le Gouvernement, sur la récolte, prenne certains contingentements...

Un Délégué. — Tout!

POISSON. — Tout, ce serait compliquer le problème, et ce ne serait pas le résoudre, parce qu'il y a la campagne à côté de la ville. Il faut que dans les grandes villes, où il n'y a pas de récolte, on mette à la disposition de la Coopération des contingentements.

Sous quelle forme? Si vous les donnez aux commerçants, aux intermédiaires, au moment de la rareté du produit, quel sera le résultat? Il y aura bien une taxe; mais sous le manteau de la cheminée on les vendra à un prix supérieur. Il faut que ce soit fait par des organisations désintéressées, par l'intermédiaire de nos Coopératives, régulatrices des prix. Quand les municipalités n'ont pas elles-mêmes les pouvoirs de distribution et surtout de conservation des pommes de terre, il vaut mieux avoir affaire à des commerçants, mais à des commerçants désintéressés, que d'agir directement ou s'en remettre à un commerce contrôlé.

J'arrive à la question du charbon.

Peu de nos Sociétés ont encore du charbon, il est à souhaiter, du reste, que nous nous occupions de cette question, nous n'avons pas fait assez d'efforts en ce sens. Notre Fédération de Seine-et-Marne a fait un gros effort, je voudrais qu'elle envoie à toutes nos Fédérations une note pour indiquer comment elle est arrivée à pénétrer dans les Offices départementaux, comment elle a exigé que dans les municipalités ce soit la Coopération qui soit chargée de la répartition; car les Offices municipaux, dans les trois quarts des cas, ont confié la distribution du charbon à des commerçants, à des intermédiaires. (*Applaudissements.*)

Je suis un partisan du municipalisme, je l'ai toujours été, je suis prêt, même quelquefois, à subordonner, à solidariser, tout au moins, l'action coopérative avec l'action municipale, mais à la condition qu'on n'appelle pas municipalisme ce qui en est une caricature, une fantasmagorie. Appeler Offices municipaux des Offices où règnent les marchands de charbon, c'est le contraire de ce qui devrait être fait; nous devons engager toutes nos Fédérations, toutes nos Sociétés à prendre à ce sujet des initiatives.

Voilà un ensemble de questions qui ont été particulièrement élaborées, tout au moins discutées, à une institution qui a son utilité, qui pourra en avoir une plus grande: c'est l'Office central des vivres, qui a été doublé maintenant d'un Office central de la viande fait à son imitation.

L'Office central des vivres étudie les problèmes alimentaires, il est dit, dans le décret qui l'institue, qu'il a pour but de porter secours aux endroits où des difficultés d'alimentation se présenteraient, et particulièrement aux organisations publiques et aux Coopératives.

Cet Office central des vivres a dans son sein quelques-uns de nous. Le Ministère y a nommé des représentants du Magasin de Gros, de la Fédération nationale, du Ministère de l'Armement.

A cet Office, en dehors de ceux que je viens de citer, il y a quelques autres problèmes qui ont été étudiés, et nous avons contribué, dans la mesure de nos moyens, aux bonnes choses qui en sont sorties.

Une de ces bonnes choses, c'est la carte d'alimentation.

La carte d'alimentation aurait dû être instituée dès le début de la guerre. On l'a faite trop tard, et s'il y a parfois, aujourd'hui, des difficultés insurmontables, c'est qu'on a fait trop souvent une politique empirique au jour le jour, au lieu de voir les difficultés. De même on croit, aujourd'hui, qu'il suffit de trouver des solutions de l'instant, des solutions de l'heure, et qu'on verra après. Mais ceux qui pensent que la fin de la guerre arrêtera la cherté de la vie se font illusion. Dans l'état actuel de l'Europe, il n'y a plus de pays où nous puissions trouver les ressources indispensables pour la reconstitution; il faudra que chaque pays fasse lui-même sa propre reconstitution. Ce n'est pas l'œuvre d'un jour, la crise que nous traversons n'est pas une crise occasionnelle, mais une crise permanente de cherté de vie pour laquelle il faut des solutions à longue échéance.

La carte d'alimentation a été, dans notre pensée, un excellent moyen de contingenter les denrées de première nécessité. La carte de sucre était déjà faite et les consommateurs peuvent s'en féliciter. Evidemment, sur les détails il y a bien des observations, bien des réformes à faire, mais il faut voir l'ensemble. Pendant l'hiver qui vient, il faudra peut-être contingenter les pommes de terre, les légumes secs. Déjà le sucre, le pain sont contingentés; c'est un moyen excellent, qui a permis — et notre ami Sellier est un de ceux qui y ont le plus contribué — un recensement général de la population dont on pourra se servir pour connaître les besoins réels de l'alimentation française.

La carte d'alimentation va continuer, elle va être renouvelée, le nombre des tickets va même être porté à dix. Cette carte d'alimentation a eu une première application immédiate, c'est la carte de pain. Sans la carte de pain, nous n'aurions jamais pu faire la soudure. Nous avons mangé du mauvais pain, du pain noir, la répartition a été mal faite, c'est entendu; les contingentements n'étaient pas suffisants pour certaines catégories sociales, par exemple pour les enfants de 13 ans, pour les vieillards de 60 ans qui travaillent encore, pour les cultivateurs. Heureusement la récolte, qui apparaît meilleure, va permettre des améliorations. A l'Office central des vivres, la semaine dernière, on nous a annoncé que sur ces différents points des satisfactions allaient être données: augmentation de la ration pour les cultivateurs, pour les vieillards et pour les enfants. Nous allons avoir un contingentement général, pour les travailleurs, de 500 grammes, au lieu du système stupide des secours qu'il faut aller demander et que se font donner quelques-uns qui ne sont pas des travailleurs manuels.

A l'Office central des vivres, les représentants des Coopératives ont lutté avec acharnement, mais sans succès, sur la question de la viande. Nous avons demandé la carte de viande. Il y a de grosses objections. Quand on divise la quantité de viande disponible par semaine par le nombre des habitants, on trouve un chiffre tellement minime qu'en réalité il est difficile à appliquer. Il y a aussi l'argument que les parts de viande ne sont pas comparables en poids, à poids égal on ne peut pas comparer un bifteck de filet avec un bas morceau.

Nous avons alors demandé la carte non plus au poids, mais à sa valeur, car le système de la carte, même avec ses inconvénients, est infiniment supérieur à celui dont on nous a gratifié des trois jours sans viande, qui, à notre avis, n'a pas du tout donné les résultats qu'on en attendait, et qui a déterminé, pour une large part, non pas une hausse de la viande, mais une hausse générale des denrées.

Nous continuerons sur ce point à discuter et à défendre nos idées.

A l'Office central des vivres, nous avons indiqué un des moyens les plus efficaces pour amener une amélioration: c'est la constitution d'abattoirs industriels, qui représenteraient, au point de vue de la boucherie, un progrès immense, progrès économique, progrès technique, et réaliseraient une économie considérable. L'Office central des vivres, qui comprend pourtant des représentants des syndicats agricoles, de la Chambre de commerce de Limoges, des Chambres de commerce des grandes villes de France, a voté sur notre proposition, après un rapport, un ordre du jour invitant le gouvernement à créer ces abattoirs et à les créer sous la forme coopérative. Nous remercions de leur désintéressement dans ce problème les membres de l'Office central des vivres qui sont là pour défendre des intérêts qui ne sont pas les nôtres. Ils ont compris que l'abattoir ne réussirait que s'il était entre les mains des coopérateurs, sans cela il sera dirigé contre les producteurs, qui s'y opposeront, et s'il est fait par les producteurs, ils rencontreront l'hostilité des intermédiaires et des consommateurs. Il n'y a que l'organisation coopérative qui peut mettre debout la question des abattoirs industriels.

J'ai fini sur la question de l'Office central des vivres, j'ai fini sur l'exposé des modifications que nous demandons à la situation actuelle du ravitaillement. —

Mais je disais au début que ce n'est pas le tout de critiquer, il faut agir, essayer de montrer que notre mouvement coopératif est en mesure à la fois de donner satisfaction à la population et de servir les intérêts généraux du pays. C'est dans ce sens que, d'accord avec votre Conseil central, sur l'instigation, du reste, du Ministère du Ravitaillement lui-même et du Gouvernement, nous avons été appelés à présenter un programme d'action coopérative pour lequel l'aide des Pouvoirs publics nous était indiquée comme possible; quant à nous, nous la considérons comme indispensable.

On nous a demandé d'élaborer un programme général, nous l'avons fait. Il porte à la fois sur les régions envahies, sur les restaurants, sur la question de la boulangerie, sur la question de la boucherie.

En ce qui concerne la question des régions envahies, je vous ai expliqué hier quel était ce programme, quelle était l'aide demandée au Gouvernement, je n'y reviens pas.

En ce qui concerne les restaurants, un gros effort a été fait au Ministère de l'Armement. Le service que dirigent avec tant de compétence certains de nos camarades, qui a permis pour les ouvriers de la défense nationale la création de restaurants, pourquoi ne pas l'étendre à d'autres travailleurs et même à la population en général? Il y a des centres où l'on peut dire que l'exploitation des restaurateurs dépasse tout ce qu'il est possible d'imaginer, pourquoi le gouvernement ne ferait-il pas pour la population en général l'effort qui a été demandé et fait pour les ouvriers de la défense nationale?

Nous avons indiqué, quand l'Office a été constitué au Ministère du Ravitaillement, que des sommes mises à sa disposition, en copiant l'organisation du Ministère de l'Armement, devaient donner des résultats; nous avons indiqué, dans un rapport très complet, remis à M. Boret, 200 villes de France où nous pensions que nos Coopératives existantes pouvaient prendre en mains une boutique.

Sur ce point, comme sur celui des régions envahies, on nous avait donné en principe satisfaction. M. Boret a l'intention de déposer un projet de loi mettant à la disposition de cet Office 50 millions pour l'organisation de ces restaurants. En tout cas, c'est un bon mouvement, une initiative heureuse, nous sommes heureux d'en féliciter le Ministère du Ravitaillement. Nous ne souhaitons qu'une chose, c'est qu'il ne s'écoule pas trop de temps entre le jour du dépôt du projet et le commencement de la réalisation.

Pour la boulangerie, nous ne savons pas encore ce qu'on fera, mais nous avons proposé une solution du problème. Le commerce de la boulangerie est un commerce absolument archaïque, exploité techniquement, commercialement dans des conditions complètement défectueuses et déplorables. La façon actuelle de comprendre l'exploitation de la boulangerie date du moyen-âge. Nous voudrions que dans des grands centres, — nous en avons cité dix au moins — on fasse comme en Belgique, à Namur, à Liège, des usines à grand rendement sous une forme technique et moderne, avec l'écoulement possible par les succursales de nos Sociétés. Le problème, du reste, est lié au développement même de nos Coopératives sous la forme de succursales et pas seulement de Sociétés autonomes, ce qui prouve que tout se tient. Car il ne faut pas créer spécialement des entrepôts de pain, qui seraient onéreux, mais il faut ajouter aux succursales un rayon de boulangerie et ainsi donner à l'ensemble de la population du pain vendu à bon compte, du bon pain, du pain fait proprement, ce qui est un gros avantage au point de vue de la qualité, plus régulièrement fait que par les usines actuelles. Ceci, le commerce ne peut pas le faire; peut-être quelques Sociétés à succursales multiples trouveraient-elles les capitaux, mais elles n'ont pas les moyens d'écoulement. Les Coopératives ont les moyens d'écoulement, mais elles n'ont pas les capitaux.

Si nous n'avons pas les capitaux, dans l'intérêt de la nation, est-ce qu'une intervention des Pouvoirs publics n'est pas légitime pour nous fournir l'argent nécessaire pour mettre l'affaire debout?

Pour la boucherie, j'ai indiqué une partie du programme soumis au Ministère: abattoirs coopératifs industriels. Mais ce n'est pas tout. Si nous voulons montrer pratiquement que la Coopération est un progrès économique, il faut aussi transformer la boucherie de détail. Voyez comment fonctionne la boucherie en Amérique, comment on a une présentation plus hygiénique de la viande et une meilleure conservation dans des boucheries à grand rendement. Dès qu'on voudra permettre au mouvement coopératif de faire un essai dans une ville comme Paris, qui sert de régulateur du prix de la viande en France, on aura à la fois un moyen de régularisation et un progrès économique certain.

Voilà le plan d'ensemble soumis au Gouvernement, pour lequel nous avons eu déjà l'appui du Comité confédéral, pour lequel nous vous demandons votre appui, votre volonté exprimée au nom des 1.500 Sociétés, des centaines de milliers de coopérateurs que vous représentez, de la force sociale que vous êtes dans le pays, pour montrer à tout le monde qu'en développant notre programme social, notre mouvement défend ses droits en matière d'alimentation, mais ne se désintéresse nullement des problèmes généraux, de l'intérêt des consommateurs et de l'intérêt général en matière d'alimentation.

Notre œuvre d'hier montre ce que sera notre œuvre de demain, mais tout de suite nous voudrions sur quelques points précis, positifs, tels que le ravitaillement des régions envahies, les restaurants populaires, la boulangerie, la boucherie, prouver que le mouvement coopératif français est à la fois en train de se transformer commercialement, restant fidèle à son idéal, et en servant le bien général du pays. (*Applaudissements.*)

Le Président. — Chers camarades, je crois être votre interprète en rendant hommage à l'exposé magistral que vous venez d'entendre et qui restera l'une des plus belles pages de l'histoire de la Coopération en France pendant la période critique que nous traversons.

La parole est au camarade Sellier.

Sellier. — Je voudrais compléter les explications de Poisson sur un point spécial qu'il a seulement effleuré, et qui vise les relations actuelles entre les Coopératives et les Pouvoirs publics.

Il a indiqué dans quel sens, d'accord avec l'unanimité du mouvement coopératif, le Conseil central avait envisagé l'organisation de l'alimentation. Je dois dire que si nous devons, de ses explications, tirer pour nous une satisfaction, elle est dans cette constatation que, depuis le début de la guerre, même avant que nous ayons pu reprendre la pratique annuelle de nos Congrès, les représentants des Coopératives, à ce moment, isolés et épars, ont, d'une façon persistante, permanente, indiqué aux graves problèmes qui se posaient déjà les solutions qui étaient de nature à les résoudre au mieux des intérêts des consommateurs.

Si l'on avait écouté les explications, les demandes, les doléances du mouvement coopératif; si depuis quatre ans les gouvernants avaient eu la conception qu'ils paraissent avoir de l'intérêt qu'il y a à apporter aux redoutables problèmes qui se posent les solutions coopératives, nous ne serions pas, au point de vue alimentaire, dans la situation où nous nous trouvons.

Evidemment ces problèmes sont d'autant plus aigus et difficiles à résoudre qu'on a plus tardé à apporter des remèdes efficaces, mais il n'est heureusement jamais trop tard pour bien faire. Poisson a indiqué qu'il est encore possible non pas de corriger, d'améliorer totalement la situation, mais d'empêcher au moins qu'elle ne vienne à s'empirer, et qu'il est temps encore, en tout cas, de poser les problèmes à résoudre après la guerre.

L'attitude des Pouvoirs publics à notre égard a été favorable au développement des idées coopératives. Dès la constitution du Ministère du Ravitaillement, que nous avions demandé il y a quatre ans, et qu'on a constitué il y a dix-huit mois, nous avons trouvé près des différents ministres, avec plus ou moins d'intelligence et de bonne volonté, un accueil des plus favorables. Jamais, en tout cas, nous n'avons trouvé près d'un ministre du ravitaillement la même intelligence, la même compréhension des intérêts qui nous guident, qu'actuellement près de M. Boret.

Malheureusement, cet état d'esprit des sphères gouvernementales n'est pas au même degré compris dans chaque localité. Poisson en a indiqué les raisons: influences politiques locales, influences commerciales locales, toutes puissantes à la préfecture et dans les grandes municipalités. Aussi des gens qui pendant trois ou quatre ans n'ont rien fait pour les consommateurs, qui ont laissé les Coopératives se débattre au prix de mille difficultés, essayer de résoudre, autant qu'elles pouvaient le faire, les difficultés locales, se trouvent extrêmement embarrassés pour obéir aux inspirations qui leur viennent du pouvoir supérieur.

Alors on a assisté un peu partout, comme le disait Rousseau hier, depuis quelques mois, à un développement véritablement extraordinaire de tentatives de municipalités et d'interventions communales en matière alimentaire.

Des municipalités qui, pendant trois ans et demi, sont restées sourdes à tous les appels des consommateurs, qui n'ont jamais compris que le devoir des administrations communales, qui sont en réalité les représentants administratifs de la grande Coopérative qu'est la commune, était de faire le maximum d'efforts pour alléger les difficultés actuelles, se sont prises d'un beau zèle d'intervention, étranger à leurs doctrines politiques et aux préoccupations politiques manifestées à l'origine, lors de leur élection.

Je voudrais bien que le Congrès n'en reste pas dupe. Nos camarades qui sont en contact, en province, avec des tentatives de cette nature savent à quoi s'en tenir. Je voudrais que les Pouvoirs publics soient bien éclairés sur l'efficacité réelle de ces interventions, dont nous avons de multiples exemples.

A Paris, quand on a voulu, au début de la guerre, demander à la Municipalité d'intervenir, on s'est heurté à l'opposition des représentants, élus des catégories commerciales, qui, à l'abri de je ne sais quel principe de liberté du commerce, voulaient laisser toute liberté à l'exploitation du consommateur. (*Applaudissements.*)

Quand il s'est agi d'organiser certains commerces, de répondre à la campagne, à la pression partie du milieu coopératif pour permettre l'introduction de la viande frigorifiée — car il faut bien se rappeler que la crise actuelle de la viande, crise de plus en plus complexe, qui fait que dans quelques mois le problème sera redoutable, il y a trois ans que nous l'avons dénoncé, trois ans que nous l'avons signalé et que nous en avons indiqué les solutions, — les Pouvoirs publics sont restés sourds, les parlementaires, représentant pour la plupart des intérêts agricoles, n'ont pas voulu permettre l'introduction de la viande frigorifiée, et quand nous avons obtenu de l'Intendance quelques concessions, ces commerçants bouchers, sentant la concurrence redoutable qui allait venir, ont fait l'impossible, dans toutes les grosses agglomérations, pour l'empêcher.

Lorsque le Conseil municipal de Paris, après six à huit mois d'essais infructueux, a vu qu'il ne pouvait pas obtenir des commerçants et des bouchers qu'ils mettent en vente de la viande frigorifiée, il a demandé le concours des Coopératives qui ont répondu et ont créé un instrument de lutte contre la cherté de la viande, instrument qui actuellement est des plus efficaces.

Ainsi, peu à peu, le mouvement coopératif a pris droit de cité, devant les spéculations abusives des commerçants.

En matière de charbon, quand nous avons obtenu la constitution des stocks municipaux, comme les commerçants de détail essayaient de réaliser, avec la marchandise mise à leur disposition, de fructueux bénéfices, on a bien été obligé de faire encore appel aux Coopératives désintéressées pour obtenir la répartition au public, sans profit et sans bénéfice autre que les frais normaux d'exploitation. De même pour les légumes secs, les pommes de terre, nos Coopératives ont pris une influence décisive sur les consommateurs à Paris.

Quand au Ministère on a essayé d'étendre ce système, on a donné à la Coopération certaines denrées contingentées, on lui a donné le privilège de la répartition, parce qu'on était certain de faire ainsi échec à la spéculation. Là où l'action de la Coopération s'exerçait, le commerce local a perdu peu à peu son influence, et la Coopération a pris une extension dont l'importance de ce Congrès est la manifestation.

Mais c'est alors que nous avons vu surgir un mouvement où les intérêts des consommateurs n'avaient rien à voir. Les commerçants ont perdu la partie, les Coopératives ont triomphé. Alors, au nom de l'intérêt public, on a vu des municipalités composées de commerçants dresser contre les Coopératives la concurrence municipale. Des gens qui, il y a quelques années, quand il était question de Coopératives municipales, avaient montré la plus violente hostilité contre toute espèce d'intervention publique, se sont pris du plus beau zèle municipaliste. Le Conseil municipal conservateur et commerçant de Paris s'est dit: les boutiques coopératives vont trop bien, il faut en face d'elles dresser les boutiques municipales. On fera disparaître celles-ci au lendemain de la guerre, ainsi le client qui serait allé à la Coopérative reviendra chez le petit commerçant.

Nous ne sommes pas hostiles à des interventions de cette nature. Tout moyen qui permet au consommateur de payer les denrées moins cher, nous sommes prêts à le soutenir partout. Si un organisme municipal peut faire mieux que la Coopérative, c'est que la Coopérative est mal administrée. La concurrence municipale est donc efficace.

Mais il ne faudrait pas qu'à la faveur de cette méthode, sous prétexte de servir l'intérêt des consommateurs, on utilise en réalité les deniers des contribuables pour des besognes qui n'ont en réalité pour but que de favoriser les intérêts commerciaux.

Qu'est-ce que c'est que ce municipalisme, comme disait Poisson, qui consiste à ouvrir en face des Coopératives des boutiques municipales, où on vend des denrées à un prix inférieur au prix de revient, en comblant le déficit avec les ressources du budget ? Nous voulons qu'on fasse une différence bien nette entre l'assistance et l'intervention municipale d'ordre commercial. Il est du droit et du devoir des communes d'aider les miséreux dans la période effroyable que nous traversons, de faire le maximum d'efforts pour mettre à leur disposition de quoi vivre et manger, et les budgets d'assistance de nos communes sont faits pour répondre à ces besoins. Mais avec des organisations comme celles que j'évoquais, il est inadmissible qu'on prétende faire une propagande commerciale contre les Coopératives. On proclame déjà dans ces milieux : les Coopératives? vous voyez que cela ne sert à rien; elles sont gérées par des imbéciles — on dit même quelquefois de malhonnêtes gens — puisque la commune vous vend à un prix inférieur.

L'*Union des Coopératives*, à Paris, quelques Sociétés en banlieue ont ouvert des restaurants coopératifs dans lesquels, à des prix très inférieurs à ceux du commerce, on donne des repas à un taux normal. Demain, la Ville de Paris va ouvrir, nous dit-on, des restaurants populaires où on donnera à manger pour 22 sous, 24 sous, 26 sous, peut-être 30 sous, et on en déduit que puisqu'on ne mange pas dans les restaurants coopératifs à moins de 2 fr. 40, c'est que les restaurants coopératifs vont faire faillite, que leur organisation ne correspond à aucune raison d'être et qu'on peut faire beaucoup mieux.

Il faut dissiper ce préjugé: Il peut être avantageux pour le consommateur de fréquenter ces établissements municipaux, il y trouve son profit. Il serait plus avantageux alors qu'on établisse un service public d'alimentation et qu'on fasse manger tout le monde pour rien. Cela peut rentrer dans l'ordre des attributions municipales, ce n'est peut-être pas un hypothèse invraisemblable. Je sais des villes allemandes qui, depuis le début de la guerre, ont lutté contre les difficultés d'alimentation en organisant ces cuisines municipales collectives au prix de revient. Mais ce qu'il faut bien montrer aux consommateurs, c'est que ces organisations sont dirigées contre leurs intérêts.

Nous avons connu ces exemples avant la guerre. A Paris, en province, nous avons vu des commerçants qui, pour couler des Coopératives, essayaient pendant quelques mois de vendre au-dessous du prix de revient. La masse des consommateurs y courait : elle va au bénéfice immédiat, mais au bout de trois ou quatre mois, quand le commerçant a fait disparaître la Coopérative, il rétablit ses anciens prix et les consommateurs paient pendant des mois et des années les bénéfices qu'ils ont pu réaliser en s'associant à cette manœuvre.

Eh bien, il ne faut pas qu'à l'heure actuelle on essaie, à la faveur d'institutions pseudo-municipales, de créer une pareille équivoque. C'est pourquoi le Conseil central, l'Office Technique de la Coopération, à la suite du débat qui eut lieu l'année dernière à ce Congrès, a demandé aux Pouvoirs publics de réglementer l'intervention communale. Un certain nombre d'entre nous, quelles que soient leurs opinions politiques ou économiques, — toutes sont représentées à ce Congrès, la Coopération est un élément neutre où toutes les opinions peuvent être représentées — voient avec une grande sympathie l'organisation communale entrer dans la voie des services publics d'alimentation. Nous considérons, nous, la commune, comme une grande Coopérative et je voudrais voir grouper tous les consommateurs de la commune en une sorte de Coopérative. Mais il faut que cette Coopérative fonctionne normalement, qu'elle soit administrée par des gens compétents et responsables; il faut qu'elle soit placée devant la situation économique actuelle dans une position normale; qu'elle ait des comptes de recettes et de dépenses bien définis, et qu'on ait l'assurance qu'il n'y a aucune espèce de confusion entre les fonds d'assistance et ceux qui peuvent servir à des services de cette nature. Sans quoi ce n'est pas de la Coopération, c'est une sorte de parasitisme, une sorte de démocratisation qui éveille ou qui renforce peut-être les instincts parasitaires d'une partie de la population.

Nous avons demandé que la législation actuelle soit complétée, qu'on laisse ou qu'on donne aux communes la faculté, qui leur est contestée par la jurisprudence actuelle, quoique pas par la loi, à notre avis, de créer des services publics d'alimentation, mais à condition qu'ils soient placés non sous le contrôle de l'Assemblée communale, comme sous l'empire de la législation actuelle, mais sous le contrôle des consommateurs eux-mêmes, avec les Conseils d'administration constitués spécialement, dans lesquels les Pouvoirs publics, les Coopératives et les commerçants si l'on veut, auront une part aux délibérations, et qui fonctionneront de façon autonome. C'est le sens de la proposition de loi que votre Office Technique a élaborée et que notre camarade Thomas a déposée.

Le vote de cette proposition de loi, sur lequel nous vous demandons d'insister, aurait un autre avantage énorme.

On nous a dit, à l'Office des Vivres, quand nous demandions que les denrées réparties par cet Office soient réparties aux Coopératives, que dans certains milieux les Coopératives n'étaient pas aussi bien organisées que certaines municipalités. Nous l'avons admis, mais ce que nous n'admettons pas, c'est que ces institutions soient détournées de leur but.

Hier, on voyait dans les journaux qu'une ville importante du Centre, ayant reçu de l'Office du ravitaillement des riz, en avait assuré la répartition par l'intermédiaire de trois épiciers en gros, représentant de l'autorité municipale. Ils se sont engagés, évidemment, à vendre ce riz au prix indiqué, mais le riz commercial et le riz public ne sont pas des catégories différentes. A partir du moment où il avait quitté l'organisme de gros et cessé d'appartenir au Ministère du Ravitaillement, les courtiers en épicerie, le cédaient volontiers à leurs clients, de petits épiciers, qui le revendaient à d'autres, et le riz fourni par le Ministère pour être vendu 2 francs se vendait 4 fr. 50 au consommateur.

C'est une pratique, à l'heure actuelle, constante en province. Nous pourrions citer de nombreux cas où les autorités municipales ont, sous la pression du Ministère du Ravitaillement, constitué des Offices de ravitaillement, mais au lieu d'être sous le contrôle du consommateur, ces Offices sont en réalité sous le contrôle des commerçants. Si nous avons un moyen de lutte contre ces pratiques, c'est le vote de la proposition de loi dont je parlais, qui prévoit que seuls les Offices d'approvisionnement constitués selon la formule qu'elle prévoit et où les Coopératives sont représentées jusqu'à concurrence d'un tiers des membres du Conseil d'administration, auront qualité pour répartir les denrées.

Nous pouvons demander en même temps que le Ministère du Ravitaillement, immédiatement et avant même le vote de cette loi, tienne la main le plus scrupuleusement possible à appliquer rigoureusement les formules que nous avons débattues à l'Office des vivres, et par lesquelles il est entendu qu'aucune denrée ne peut être attribuée à un service municipal si elle n'est pas répartie par lui ou par des Coopératives, sans passer par des intermédiaires. Il ne faudrait pas qu'on voie continuer les errements actuels. Les circulaires des ministres ont leur valeur; mais les préfets et les municipalités en tiennent le compte qu'ils veulent.

Une des questions sur lesquelles ce Congrès devra donner un mandat à ses représentants, c'est pour empêcher que certains pouvoirs locaux n'arrivent à créer de nouvelles formes d'exploitation commerciale contre les Coopératives et les consommateurs, et de tenir la main à ce que la répartition des denrées soit faite dans l'intérêt des consommateurs.

Il n'y a qu'une catégorie de répartiteurs qui représente les consommateurs; ce sont les Coopératives. La plupart sont ouvertes, admettent tout le monde, vendent même à tout le monde, on ne peut pas les accuser d'avantager une catégorie sociale et de favoriser la spéculation. C'est pourquoi nous avons la conscience d'être une institution entièrement conforme à l'intérêt public et à l'intérêt collectif.

Je voulais attirer l'attention du Congrès sur ces quelques points, mettre en garde nos camarades contre certaines formules. Il faudrait que, chaque fois qu'ils sont aux prises avec des organismes de ce genre, ils en saisissent le Conseil central, afin que nous fassions notre maximum d'efforts pour obtenir satisfaction.

Cela indique que les formules que nous avons posées au début de la guerre étaient justes. Nous avons été, dans le mouvement coopératif, à l'encontre de la plupart des partis politiques et d'autres organismes ouvriers, nous avons été les seuls à mettre les consommateurs en garde contre les bienfaits apparents de mesures qui ne pouvaient aboutir à aucun résultat. C'est dans ce sens que nous demandons un nouvel effort. Les organisations de répartition, ce sont les Coopératives.

Montoux. — Après les explications si claires et si précises du camarade Poisson, je serai bref. Je ne veux dire que quelques mots sur ce qui s'est passé à l'Office du Ravitaillement du Ministère de l'Armement et sur l'avenir des Offices départementaux.

L'Office du ravitaillement du Ministère de l'Armement est le passé, et nous avons à juger, depuis sa création jusqu'à l'époque actuelle, les résultats obtenus par cet Office.

Ces résultats ont été satisfaisants, quoiqu'on en dise. Car il ne faut pas oublier que depuis sa création on a toujours dit que les denrées fournies par l'Office du ravitaillement ne l'étaient qu'à titre de secours. Nous devons dire, avec Poisson, que nous avons été, dans une large mesure, satisfaits de son rendement, qu'il a fonctionné un an et demi avec de bons résultats.

J'avoue que, pour mon compte, l'avenir, en ce qui concerne les Offices départementaux, me sourit moins. J'ai peur que nous ne perdions là une grande partie de notre indépendance au point de vue coopératif. J'ai peur que nous ne retombions en certains endroits sous la férule administrative préfectorale, paternelle en certains endroits où nous aurons des préfets favorables à la coopération.

Un Délégué. — Ou intelligents.

Montoux. — ... Et mauvaise dans les endroits où les préfets, sont contre les Coopératives en faveur du commerce. Puis il en existe une troisième catégorie : celle des préfets qui s'en moquent...

Nous avons vu dans certains endroits, dans la Loire notamment, des préfets prendre les devants : même avant la lettre on a paru créer des Offices départementaux. Celui dont je vous parle avait été créé au début avec une certaine entente entre les représentants des Coopératives et les représentants du groupement du Ministère de l'Armement. Mais brusquement nous avons vu qu'on essayait de faire entrer dans cet Office départemental les directeurs des magasins à succursales multiples.

(La séance est levée à 11 h. 50 et renvoyée à 13 h. 30.)

SEANCE DU MARDI MATIN 24 SEPTEMBRE 1918

La séance est ouverte à 10 heures.

Président : Ramadier ; Assesseurs : Debard, Bailloud.

POISSON. — Camarades, la Commission vous présente le Conseil unique suivant, qui a du reste été ratifié par l'Assemblée générale du Magasin de Gros :

MM. Berland, Benoist, Chartenot, Cleuet, Destombes, Gide, Gaillard, Lévy, Lamothe, Lucas, Lhuillier, Poulette, Passebosc, Peckstadt, Ponard, Sellier, Sutter, Svob.

LE PRÉSIDENT. — Je mets aux voix la liste qu'on vient de vous lire.

(La liste est adoptée.)

POISSON. — La Commission vous présente la liste suivante pour composer la Commission de surveillance :

Cicé, Droncau, Ducroc, Mouchonnet, Tutin.

LE PRÉSIDENT. — Je mets cette liste aux voix.

(La liste est adoptée.)

POISSON. — Parmi les différentes propositions renvoyées à la Commission de résolutions voici quelques vœux sur lesquels la Commission s'est montrée unanime après examen de ces vœux par ses sous-commissions.

Premier vœu :

Impôts sur les bénéfices

« Le Congrès national des Coopératives de consommation donne mandat au Conseil central de poursuivre les démarches entreprises auprès de l'administration des finances pour que les trop-perçus versés par les Coopératives de consommation à des fonds de développement, de réserve et de solidarité soient, au même titre que les ristournes distribuées aux sociétaires, exonérés de l'impôt de guerre, comme ne constituant pas des bénéfices.

« Il émet, en outre, le vœu que le Parlement, interprétant sur ce point la loi de 1916, proclame nettement le principe de cette exonération. »

LE PRÉSIDENT. — Je mets aux voix cette motion.

(La motion est adoptée.)

POISSON. — Deuxième motion :

Les Pupilles de la Nation

« Le Congrès, soucieux de l'esprit d'union nationale dans lequel a été votée la loi du 27 juillet, donne mandat à ses délégués dans des Offices départementaux et à l'Office national de prendre toutes les garanties pour qu'aucun privilège ne soit accordé à quelque catégorie de pupilles que ce soit ; charge son Comité d'éducation de recueillir toutes les décisions qui seraient prises contrairement à ces principes.

« Ils prendront toutes dispositions pour que les enfants sans famille, confiés d'office à l'école nationale, reçoivent dans des œuvres post-scolaires un enseignement des principes coopératifs. »

Le Président. — Je mets cette motion aux voix.

(La motion est adoptée.)

Poisson. — Troisième motion :

La comptabilité dans les Coopératives

« Le Congrès de 1918, constatant que nombre de Sociétés continuent, malgré des rappels de tous les Congrès annuels, à ne pas tenir de comptabilité régulière, décide l'application de la mesure suivante :

« A partir de janvier 1919, toutes les Coopératives qui ont bénéficié ou bénéficieront de subventions quelconques obtenues par l'intervention de la Fédération nationale devront fournir à cette dernière une situation et un bilan trimestriels dans des formes comptables régulières. »

Le Président. — Je mets aux voix cette motion.

(La motion est adoptée à l'unanimité moins une voix.)

Le Président. — Les résolutions étant adoptées, nous allons reprendre la discussion du ravitaillement.

La parole est au camarade Montoux.

Montoux. — Il est nécessaire d'examiner dans quelles conditions vont fonctionner les Offices départementaux. Je crains, pour mon compte, qu'il y ait des difficultés et que l'indépendance des Coopératives se trouve pendant un certain temps diminuée.

Nous allons nous trouver en face de différentes catégories de préfets, les uns intelligents et partisans, en somme, de la Coopération, donnant des facilités pour l'organisation des Offices départementaux, les autres indifférents et une troisième catégorie qui serait foncièrement hostile aux Coopératives et favorables aux organismes commerciaux. Il sera nécessaire que nous prenions des précautions.

Nous avons déjà vu, dans certains départements, des préfets qui, avant la lettre, ont cru pouvoir organiser des sortes d'Offices départementaux pour créer une espèce de concurrence à l'Office de ravitaillement du Ministère de l'Armement. Ils fonctionnaient en général avec des fonctionnaires préfectoraux, nommés par les préfets et dépendant de leurs préfectures.

D'autre part, on avait voulu, dans certains départements, créer une espèce d'entente entre les Coopératives et les Sociétés à succursales multiples.

On a même dit qu'à la rigueur, en raison des difficultés financières des Coopératives, les Sociétés à succursales multiples se disposaient à faire l'avance d'une garantie d'un ou deux millions pour permettre aux Coopératives de payer leurs achats quotidiens. Il y a là, de la part des préfets, l'idée de favoriser les Sociétés à succursales multiples. Il faudrait être innocent pour croire que les directeurs des Sociétés à succursales multiples accepteraient, surtout à l'heure actuelle, de faire une avance aux Coopératives si elles n'avaient pas l'arrière-pensée de les étouffer un jour.

Il faut que nous soyons partie prenante, d'un seul bloc, mais pas mixte où il y ait à la fois des directeurs de casinos et des directeurs de Coopératives. Il faut aussi que les directives de ces Offices départementaux soient choisis par notre Comité confédéral, que nous sachions, dans tous les départements, qu'il y aura un statut donnant les renseignements sur le fonctionnement dans chaque Office départemental.

Il faut que la propagande soit renforcée, de façon que continuellement les organismes qui vont se créer, non pas par région, mais par département, ne cherchent pas à désagréger les Fédérations régionales et à créer, dans chaque département, de petites Fédérations. Il faut qu'il y ait des relations continuelles entre les Fédérations régionales et les représentants, entre les délégués départementaux et le Comité confédéral. Il faut aussi que dans ce statut-type on déclare dans quelles conditions s'effectuera le pourcentage qui sera pris par les Offices départementaux et où ira ce pourcentage. Il ne faudrait pas qu'à un moment donné, les organisations, en présence d'un service dépendant de la préfecture ou de quelques préfets, prennent, comme on l'a déjà fait, en fournissant des prix beaucoup plus élevés, un pourcentage plus élevé que celui du Ministère de l'Armement.

Il faut qu'il y ait contrôle et homogénéité de direction de l'Office départemental. De cette façon je crois que l'Office départemental pourra rendre de grands services et ne sera pas sous la dépendance du préfet.

ROBINET. — Une des questions les plus importantes est la question des vins. Je ne voudrais pas lier cette question à celle des transports. Je ne vais prendre que le cours du vin, pris à la propriété dans le vignoble.

Depuis deux ans, nous assistons à une fantasmagorie des cours. Depuis deux ans, les récoltes montent, mais les cours montent également. C'est tout à fait contraire à la loi du commerce. La récolte montant, on devrait normalement voir les cours baisser. Il n'en est rien.

Pour l'année 1917, la production du vin s'élevait en France à environ 28 millions d'hectos. Je crois que nous avions un excédent de récolte sur 1916 de 4.500.000. Malgré cela, le vin est monté de 75 à 80, 100, 120, 140. Actuellement, il est vendu 2 francs dans les débits et il montera.

Aujourd'hui, nous allons avoir une récolte d'environ 35 millions d'hectos, c'est-à-dire supérieure de 7 millions au moins à celle de l'année 1917.

Par conséquent, nous devrions voir déjà une dégringolade des cours. Il n'en est rien. Il y a eu un petit fléchissement, il y a environ un mois, mais les cours se sont raffermis, à la fin de juillet.

Nous le savons tous. Ce n'est pas le viticulteur qui en profite. Ce n'est pas inhérent aux frais généraux supplémentaires que comporte la guerre.

Le viticulteur a disposé de la récolte avant la récolte et après, il ne peut l'amener que goutte à goutte sur le marché, ce qui explique cette hausse des cours.

Il y a quelque chose à faire. Un premier moyen concret est la réquisition totale de la récolte et la taxation par le gouvernement. Je ne sais pas si le gouvernement se croit assez fort pour prendre une semblable mesure. J'en doute et ne le crois pas.

Un autre moyen à notre disposition pour arriver à faire rendre gorge aux spéculateurs est le renouvellement de la convention franco-espagnole qui prend fin à fin décembre.

La convention franco-espagnole passée au commencement de mars pour dix mois jusqu'à fin décembre, comportait 3 millions d'hectolitres de vin d'Espagne qui devaient être fournis au gouvernement français et mis à la disposition de l'Intendance, sauf pour trois départements : Landes, Basses-Pyrénées, Hautes-Pyrénées. Ces trois départements se sont vu attribuer : les Basses-Pyrénées, 90.0000 hectolitres ; les Hautes-Pyrénées, 50.000 ; les Landes, 50.000.

Nous, qui avons été bénéficiaires de ces vins, nous sommes obligés de reconnaître que nous avons été réellement avantagés et je crois que si, demain, le gouvernement renouvelait cette convention les spéculateurs français y trouveraient un fameux dommage. Les vins espagnols ont fait diminuer de 15 francs par hecto le prix de revient du vin, en laissant une large part de bénéfice.

Je crois que le Congrès devrait faire pression auprès des Pouvoirs publics pour que nous puissions, par le renouvellement de cette convention, équilibrer les cours du vin sur le marché français.

Svob. — Jusqu'à présent, nous avons discuté la question du ravitaillement et des Coopératives en ce qui concerne la collaboration des Pouvoirs publics et de nos Sociétés, la part que nous avons le droit de demander dans la répartition générale. Je voudrais traiter en deux minutes l'obligation que nous avons d'apporter, dans la répartition, des méthodes un peu nouvelles qui amènent plus de justice et d'équité. Si nous voulons, à côté du commerce ordinaire, montrer que nous sommes supérieurement organisés, il faudrait que nos sociétaires viennent chez nous avec l'état d'esprit qui convient à notre mouvement.

D'innombrables clients attendent devant les boutiques pour avoir un demi-quart de beurre ou un demi-litre de lait, il y a des bousculades, des injures et quelquefois des coups de poing. C'est là un côté du problème qui ne devrait pas nous échapper, et si nous voulons montrer une supériorité d'organisation, il faut la rechercher et la mettre en application. Je demande que nous ayons tous des cartes d'alimentation de coopératives qui, avec le coupon modèle de la carte d'alimentation nationale, permettrait à chacun d'avoir une quantité déterminée de denrées, et de connaître par avance, les denrées contingentées, chocolat, pâtes alimentaires, etc., pour qu'il puisse les avoir sans se bousculer, sans se presser, avec une tranquillité parfaite. C'est là un mécanisme souple, facile à mettre en exécution.

Vous trouverez moyen d'appliquer cette carte d'alimentation. Je la recommande particulièrement. Elle est d'une utilité primordiale qui montrera la puissance d'organisation des Coopératives. Quand nous pourrons apporter aux Pouvoirs publics des arguments semblables, nous aurons facilité la tâche des Coopératives et le ravitaillement de notre pays.

— PoiTRENAUD. — La question des sucres est un immense scandale à soulever. Les Comités de répartition qui avaient le soin de répartir le contingent dans chaque département sont composés de commerçants. Les Coopératives doivent y être représentées. Vous savez dans quelles conditions elles y sont représentées. Les préfets ont désigné la plupart du temps d'excellents camarades, mais des camarades qui n'allaient pas les gêner dans leur action.

Dans les Basses-Pyrénées, cela s'est passé ainsi.

Dans certains départements, le rôle des Comités de répartition se limite la plupart du temps à des questions de prix. Dans notre département, le Comité de répartition fait ses affaires lui-même. Mais, au début, il n'était qu'un simple agent de réception des commandes et renvoyait le commerce et les Coopératives aux raffineries.

Qu'arrivait-il? Pendant trois mois, nous envoyons des sommes directement à la raffinerie ou à la Chambre de Commerce pour les sucres indigènes. Nous recevions les factures, le sucre était facturé conformément à la taxe officielle. Nous payions les frais de lettres de voiture et il y avait des frais insignifiants d'échange de lettres. Bref, nous connaissions parfaitement bien le prix de revient des sucres.

Au bout de trois mois, ces messieurs ayant vu qu'il y avait une belle exploitation à monter, la préfecture nous dit un beau jour : à l'avenir, ce ne sera plus la raffinerie qui enverra directement le sucre, c'est nous qui disposerons de la marchandise, qui vous la livrerons; ce sera beaucoup plus pratique, cela marchera beaucoup mieux.

Nous n'avons rien dit. Mais au bout d'un mois mon tour de contrôle de la comptabilité arrive et je m'aperçois que le sucre, au lieu de revenir à un prix plus bas, se trouvait majoré de 9 centimes en moyenne pour les sucres raffinés. Pour le sucre indigène, le nouveau système se traduisait aussi par une augmentation.

Je demande des explications à la préfecture. Elle ne me répond pas. J'écris à nouveau. J'avais tous les éléments, puisque, pendant trois mois, nous avions été à même de nous rendre compte du prix de revient du sucre. J'avais su que le département attribuait 400.000 kilos de sucre par an. En faisant mon petit travail, je m'étais aperçu qu'il sortait de la poche du consommateur environ 380.000 francs en sus du prix de revient. C'était une petite opération qui n'était pas trop mauvaise.

Je soulève le problème devant la Commission de surveillance. Un rapport est envoyé au ministre. Ce trafic avait duré environ neuf mois.

Un Membre. — Il a accouché à terme. *(Rires.)*

PoiTRENAUD. — Au bout de neuf mois, le préfet me convoque seul et me dit : « Nous allons ristourner à la *Famille bayonnaise* un sou par kilo sur vos attributions ». Je fais remarquer que, quand le commerce le saura, il réclamera aussi et je dis au préfet: « Monsieur le Préfet, je ne savais pas que c'était pour cela que vous m'aviez convoqué, autrement, j'aurais prié mes camarades d'assister à notre entretien; je ne suis qu'une individualité mais je connais assez mes camarades pour dire qu'ils n'accepteront pas que la ristourne ne porte que sur la *Famille bayonnaise*. Ils voudront que tous les départements bénéficient de cette ristourne depuis le début. Puisque vous reconnaissez que le sucre doit nous être facturé un sou de moins par kilo, il n'y a pas de raison pour qu'il n'y ait pas de rétroactivité. »

Il a fini par admettre ce point de vue, mais il me dit : « Comment voulez-vous que nous ristournions au public un sou par kilo depuis de début ? »

Je lui répondis : « C'est une question bien simple. Evidemment, on ne va pas chercher chaque individu et lui ristourner un sou par kilo, mais vous avez la possibilité de ristourner à la collectivité en faisant entrer la somme perçue en trop dans les caisses du département. Ou bien, vous avez la possibilité de faire verser le trop perçu à une œuvre nationale. Ce sera très bien placé. » (*Applaudissements.*)

Je quitte le préfet. Au bout de trois mois, pas de ristourne. A ce moment, nous avons saisi le ministre qui a envoyé un inspecteur. L'inspecteur a dû conclure au bien fondé de notre réclamation, puisque le sucre était vendu un sou par kilo au-dessus du chiffre fixé par l'ordre ministériel.

Malgré cela, nous ne touchions toujours pas notre ristourne. J'ai tout de même fini par passer à la caisse. J'ai touché 4.000 francs pour les Coopératives et trimestriellement, je vais me trouver avoir à répartir 3.000 à 3.500 francs entre les Coopératives.

Résolution sur le Ravitaillement

GASTON LÉVY. — Votre Commission de résolutions a nommé une sous-commission chargée de vous présenter un rapport sur la question du ravitaillement en général. Nous vous présentons la résolution suivante que je vais commenter le plus brièvement possible, après vous en avoir donné lecture.

Nous avons marqué d'abord le rôle que la Coopération devait jouer en matière de ravitaillement ; ensuite, l'intérêt qu'il y avait à presser le vote du projet de loi déposé par Albert Thomas sur la constitution de l'Office public d'alimentation ; enfin, les mesures à prendre en ce qui concerne les dispositions proposées par le Ministère du Ravitaillement.

Cette résolution comporte trois parties essentielles. La première est en quelque sorte le résumé de l'action coopérative jusqu'à ce jour. Elle indique ce que la Coopération a fait et ce qu'elle devrait faire et elle souligne qu'elle n'a pas toujours été secondée par les Pouvoirs publics, même quand les Pouvoirs publics faisaient appel à elle.

Vous avez entendu déjà des réclamations et tout à l'heure Poitrenaud signalait un des points les plus importants, concernant le sucre. On lui a marchandé les moyens d'action et il est arrivé fréquemment que nous étions sans sucre, parce que les Coopératives désiraient maintenir le principe de non spéculation et se refusaient à utiliser les moyens d'action qui réussissent sur les hommes ordinaires, mais qui répugnent à l'honneur et à la probité. (*Applaudissements.*)

Il faut que nous indiquions que les Coopératives de consommation représentent à l'heure actuelle une force importante et que la grandeur du mouvement coopératif est moins due à la propagande faite dans ce pays qu'au besoin qu'ont les consommateurs de lutter contre les mercantis et la vie chère.

Aujourd'hui, le mouvement coopératif est une force qui a le droit de faire entendre sa voix, parce qu'il représente non pas des intérêts particuliers mais l'intérêt général.

La deuxième partie indique les méthodes d'ordre pratique qu'il s'agit d'employer immédiatement.

Quelles sont les difficultés du ravitaillement? Ce sont toujours les mêmes. S'il y a rareté de produits, il faut que chacun ait sa part de ces produits. Nous demandons qu'on en fasse la répartition par contingentement normal, soit par l'établissement de la carte, soit, lorsque la carte est difficile ou impossible, par la mise à la disposition d'organes désintéressés des denrées contingentées, de telle sorte qu'on soit assuré que la taxe sera appliquée et non violée comme dans la plupart des cas.

Si on ne réquisitionne pas, il se produira ce qui se produit déjà pour certaines denrées : j'ai dans ma poche une proposition d'intermédiaire qui propose des haricots à 20 francs au delà de la taxe. Comment se fait-il que malgré la taxe de telles propositions puissent être faites ? Uniquement parce que, à la base, on n'a pas pris les mesures nécessaires pour réquisitionner les denrées au moment où elles sortent du sol. Ainsi la dissimulation des denrées est rendue possible. Et les propositions qu'on vous fait sont des propositions de denrées dissimulées qui arrivent ainsi sur le marché et font l'objet de bénéfices excessifs.

Il y a enfin un point qui concerne les résolutions pratiques, un point sur lequel nous avons cru répondre au désir du Congrès en le détachant et en montrant qu'il y avait là quelque chose de plus important encore à faire : c'est la question des vins.

On dit que le vin n'est pas une denrée de première nécessité. Notre ami Daudé est partisan de cette théorie. Il n'est pas le seul. Mais entre la théorie et la pratique il y a toujours l'espace de la coupe aux lèvres, comme disait Poisson. Et si nous pouvons reconnaître que ce n'est pas une denrée absolument indispensable, il y a le fait que le vin est devenu une denrée essentielle de consommation et que c'est aller à l'encontre des intérêts des consommateurs que de leur refuser cette denrée qui, si elle n'est pas indispensable pour les uns, n'en est pas moins nécessaire pour les autres.

Il faut donc qu'il y ait une solution rapide.

Là, il ne s'agit pas de la rareté du produit. Quand il s'est agi de la rareté du produit, l'an dernier par exemple, étant donnée l'augmentation de la consommation, on a pu user de procédés qui permettaient de faire arriver dans notre pays quantité de vin, comme par la convention franco-espagnole.

Je ne crois pas qu'il soit facile ni possible de demander au gouvernement de renouveler la convention franco-espagnole pour permettre l'introduction de vins en France, étant donné que la récolte s'annonce comme belle et qu'il y aurait peut-être danger à faire introduire des vins étrangers au moment où le vin reste encore dans les caves du Midi où il reste une récolte ou une partie de récolte dont l'expédition n'est pas terminée. Cela permettrait aux viticulteurs du Midi de se plaindre, alors que véritablement c'est beaucoup plus les consommateurs du Nord que les producteurs du Midi qui pourraient se plaindre.

Mais c'est une autre raison qui me fait reculer — je ne dis pas repousser — le renouvellement de la convention franco-espagnole. Le gouvernement nous répondra justement que ce n'est pas au moment où nous nous prononçons en faveur de conventions générales que nous devons solliciter le renouvellement de cette convention particulière. S'il y a des denrées rares pour lesquelles les importations doivent être réclamées, il n'est pas utile de réclamer l'importation des denrées qui sont en quantité suffisante.

J'entends bien que l'introduction des vins espagnols arrivera peut-être à déterminer une baisse des prix du vin en France. Mais ce n'est pas absolument certain. Elle pourra déterminer le **prix du vin** là où le vin espagnol pourra arriver, mais pas ailleurs.

Dans ces conditions, étant donné que nous sommes en présence non pas d'un déficit de récolte, mais d'une mauvaise utilisation des moyens de transport, ce n'est pas la formule qu'il faut rechercher.

D'une part, en ce qui concerne les prix du vin, il y a de l'exagération de la part des producteurs. Il n'est pas admissible qu'on paye le vin aussi cher qu'actuellement à la production. Si on ne peut pas obtenir la taxation générale, il y a en tout cas les quatre gros départements producteurs où la taxe peut jouer, si on emploie le principe de la taxe au degré, facile à appliquer, et qui permettra une baisse du prix.

Mais il y a autre chose, ce sont les moyens de transport, qui font défaut. Il faut insister là-dessus. D'une façon générale, en ce qui concerne les moyens de transport, des efforts ont été faits du côté du Ministère du Ravitaillement, de l'Office d'alimentation, du Ministère de l'Armement, et du côté du Ministère de l'Intérieur, par des procédés que nous n'approuvons pas toujours. Mais il y a tout de même un Ministère qui n'a pas, à l'heure actuelle, rempli sa tâche, c'est le Ministère des Transports. S'il avait voulu, il aurait pu, depuis longtemps améliorer la situation. Or, le Ministre des Transports a déclaré à la tribune de la Chambre, dernièrement, qu'il allait arriver 32.000 wagons d'Amérique. J'aurais voulu, si j'avais été au Parlement, demander au ministre combien de wagons nouveaux on a fabriqué en France depuis le début de la guerre et comment on a utilisé les wagons qui existaient. Si nous avons employé dans la résolution le mot « garés », c'est parce que nous savons que les wagons restent dans les gares indéfiniment, par sabotage volontaire ou involontaire de ceux qui y ont intérêt, pour profiter d'une augmentation en ne les mettant pas à la disposition des consommateurs. (*Applaudissements.*)

Il y a là un état de choses contre lequel nous avons le devoir de protester. Nous devons attirer là-dessus l'attention des Pouvoirs publics et de ceux qui s'intéressent aux besoins des consommateurs. Et ce n'est pas le Ministre du Ravitaillement qui nous en voudra de souligner l'énergie qui manque au Ministre des Transports. Je demande que sur ce point notre protestation soit énergique.

En ce qui concerne les wagons-réservoirs, il faut en mettre à la disposition des organisations coopératives, non pas de temps en temps mais d'une façon permanente, parce que ces wagons ne sont pas garés d'une façon particulière et qu'on pourra les faire circuler.

Nous savons que quelquefois on aurait pu améliorer la situation. Comment se fait-il que pour le vin, qui est une denrée de consommation courante, sinon de première nécessité, les compagnies de chemins de fer ne se soient jamais préoccupées de savoir comment on le transportait, et qu'elles ont toujours refusé les wagons-réservoirs nécessaires au transport ? Comment se fait-il qu'on n'ait pas fait de wagons spéciaux pour transporter les liquides et qu'on en ait laissé le monopole aux Sociétés qui exploitent les wagons réservoirs ?

Pourquoi? Parce que, probablement, les compagnies de chemins de fer n'auraient pas pu spéculer sur les wagons-réservoirs par les procédés auxquels je faisais allusion tout à l'heure et qui ne sont pas seulement pratiqués pour le vin mais pour tout.

Il y une chose abominable, c'est l'ordre donné de ne pas expédier certaines marchandises autrement qu'en grande vitesse. C'est là encore une cause de hausse des prix, par l'augmentation du trafic, l'augmentation des frais de transport, les complications administratives, les difficultés de l'approvisionnement et le manque de wagons. Les expéditions arrivent à absorber la presque totalité des wagons disponibles et les compagnies en retirent de beaux bénéfices par la différence de prix des transports en grande ou petite vitesse, par l'application du tarif de grande vitesse au lieu du tarif de petite vitesse. Par conséquent il y a là des mesures à prendre.

Enfin, la troisième partie de la résolution comprend la constitution de l'Office d'alimentation: le projet de loi Albert Thomas. C'est incontestablement pour nous la partie la plus importante de la résolution parce que nous nous trouvons en présence de tentatives soi-disant municipales, mais bien souvent contre l'organisation coopérative. Nous prenons soin d'indiquer que nous ne sommes pas adversaires de la municipalisation des intérêts collectifs de la commune, mais de tout ce qui est organisation particulière, et il est toujours possible que les organisations municipales soient purement particulières, qu'elles soient créées pour donner le change et qu'elles ne répondent pas aux intérêts des consommateurs. D'autre part, bien souvent, sous une couleur municipale, on a fait des organisations qui n'étaient municipales que de nom, où la municipalité sert de drapeau derrière lequel s'abritent des intérêts commerciaux, souvent les moins avouables. Aussi bien d'ailleurs à Paris qu'en province, la situation se trouve, à ce point de vue, assez grave pour que les Coopératives s'en inquiètent.

A Paris, des boucheries municipales ont été faites et sont bien gérées, paraît-il. C'est assez difficile à savoir avec le système de la comptabilité publique. Mais ce sont des organisations purement particulières. On a pris des boucheries fermées, on a loué les boutiques au mois, et on a dit : on rendra cela aux bouchers qui viendront rouvrir leurs étaux. Ce sont donc des organisations purement particulières.

En ce qui concerne l'organisation de soi-disant restaurants municipaux, même situation. Poisson a fait, dans certains journaux, la critique de ce qui a été fait sous le nom de restaurants municipaux. On a fini par s'apercevoir qu'il s'agissait d'entreprises purement commerciales, qui mettaient sur la porte: Restaurant contrôlé par la Ville de Paris.

Nos camarades de Bourges ont déposé tout un rapport qui devra être étudié à fond, avec d'autres vœux, à la fois par l'Office Technique et par le Conseil central, pour marquer tout ce qu'il y a d'incohérent et de dangereux dans les organisations de ce genre. On voit des épiciers en gros, des négociants en gros, se constituer en Coopératives de façon à faire une action tellement imposante qu'on essayera de couler la Coopération.

Sous l'apparence d'organisations départementales ou municipales, il faudra veiller, dans la constitution des Offices départementaux, à ce que ne se produise pas ce qui a tenté de se produire : le préfet se contente purement et simplement de faire appeler le président du syndicat des épiciers ou un ensemble de grossistes et de leur dire: chargez-vous de cela à notre place. Cela serait le plus grand danger des Offices départementaux.

Nous devons veiller à en faire bénéficier le plus complètement possible les consommateurs.

Si nous nous prononçons en faveur du projet de loi Albert Thomas, c'est parce que là nous aurons des Offices constitués de telle sorte que la comptabilité sera faite comme dans nos Coopératives et que l'on reconnaîtra que les Coopératives sont toutes désignées pour servir de gérant en quelque sorte de ces Offices d'alimentation. On restera toujours sur ce point de vue que le capital doit toujours appartenir aux consommateurs associés.

Là troisième partie de la résolution indique l'effort qu'il convient de faire maintenant, effort au point de vue des Offices départementaux, effort en présence des demandes nouvelles qui nous sont faites.

Ce matin, vous avez pu voir dans les journaux, que le Ministre du Ravitaillement a l'intention de déposer un projet de loi demandant une avance de 50 millions pour constituer des restaurants coopératifs. C'est le commencement du programme qui nous a été exposé par le Ministre du Ravitaillement.

Quelle va être l'attitude de la Coopération en face de ce programme ?

D'abord, agir d'accord avec la municipalité et le département pour la constitution des Offices autonomes dont j'ai parlé. Là où ce n'est pas possible, mise au service du pays de la force d'organisation de la Coopération. Nous avons à lutter aujourd'hui déjà. Nous aurons à lutter beaucoup plus demain. Il faut que notre force soit sans cesse accrue.

Les Coopératives ne sont pas constituées uniquement pour donner des améliorations à ceux qui y viennent. La Coopérative est aussi un organisme, un service public de la consommation et qui peut jouer le rôle d'organe de répartition désintéressé. C'est la raison pour laquelle au Conseil central, chaque fois qu'on a fait appel à la Coopération, nous avons cru pouvoir répondre au nom de toutes les Coopératives de France. Nous sommes sûrs que ce Congrès ratifiera toutes les décisions prises par le Conseil central, et lui donnera mandat de répondre au nom de toutes les Coopératives de France chaque fois qu'on fera appel à elles, pour répondre : présent, parce que nous avons le devoir de mettre notre force à la disposition du pays et des consommateurs.

Nous sommes tout près à nous mettre d'accord, mais nous nous retournerons vers les Pouvoirs publics et leur dirons : Voilà ce que nous sommes toujours prêts à faire; voilà dans quel but nous consentons à agir dans l'intérêt du consommateur, mais donnez-nous la possibilité d'agir et de travailler, et nous sommes sûrs de préparer ce qu'il est nécessaire de préparer, un ordre nouveau dans la répartition des produits à la satisfaction des besoins de tous, non des intérêts individuels commerciaux, mais des intérêts généraux de la consommation.

Voilà ce que le Congrès répondra à l'appel qui est fait aujourd'hui par les Pouvoirs publics à la Coopération française.

Le Président. — Quelqu'un demande-t-il la parole ?

Un délégué de Puteaux. — Il m'a semblé comprendre que la Coopération devait être un organe de collaboration avec le gouvernement. Je voudrais connaître ce que c'est que cette collaboration.

Huberty. — Je veux demander pourquoi on limiterait à quatre départements seulement la réquisition et la taxation des vins. Il me semble que la taxation devrait être demandée pour tous les départements.

LÉVY. — Je répondrai tout de suite à Huberty que je n'ai pas parlé dans la résolution de réquisition mais seulement de taxation. La raison pour laquelle nous n'avons pas cru pouvoir demander la taxation dans tous les départements est que la taxation peut s'établir selon le degré du vin, mais aussi selon la qualité, et le degré n'est pas toujours en rapport avec la qualité.

Nous avons donc parlé des quatre départements gros producteurs de vin qui jouent réellement sur le prix des vins. Les prix des vins supérieurs sont toujours en relation avec les prix des vins ordinaires. J'ai énuméré les quatre départements gros producteurs, Aude, Hérault, Gard, Pyrénées-Orientales, ceux où la taxation peut jouer d'autant plus facilement que la production y est à peu près semblable.

Au moment où nous sommes réunis en un Congrès coopératif qui a l'habitude de se préoccuper de résolutions pratiques, il n'y a pas nécessité à ce que l'on oppose les arguments que nous connaissons nous-mêmes. Il vaut mieux les écarter si nous ne sommes pas en opposition.

En ce qui concerne le camarade du cercle de Puteaux qui demande ce qu'est la collaboration avec le gouvernement, j'ai indiqué seulement que les municipalités, les départements et les Coopératives avaient intérêt à se lier pour établir le service public de la consommation. J'ai défendu ce point de vue que les municipalités seules ne pouvaient pas agir en ce qui concerne l'alimentation et si nous voulons cependant que les Coopératives jouent le rôle d'agents publics, il est nécessaire que les Coopératives soient placées sous le contrôle de l'ensemble des consommateurs et contribuables d'une municipalité ou d'un département.

C'est ainsi que le projet de loi Thoinas prévoit la constitution de l'Office public d'alimentation autonome. Voilà ce que j'ai dit.

Quant à l'autre point, c'est la demande que nous fait le gouvernement d'aider l'action publique en matière de ravitaillement. Il n'y a pas la collaboration organique avec le gouvernement spécifiquement. Il y a deux forces en présence: une force d'organisation qui s'appelle la Coopération et qui dit: nous mettons notre force d'organisation au profit des consommateurs, et, d'autre part, les Pouvoirs publics qui donnent les moyens d'action et vers lesquels on se tourne pour leur dire : donnez-nous les moyens d'agir.

C'est en ce sens qu'il y a collaboration, et il y a collaboration aussi lorsque dans les commissions créées par le Gouvernement on fait appel aux Coopératives.

Le délégué du cercle de Puteaux. — Mais vous défendez d'abord les intérêts coopératifs ?

LÉVY. — Naturellement, parce que même quand nous défendons les intérêts généraux des consommateurs, nous défendons toujours les intérêts coopératifs. D'autre part, il n'a jamais été question de demander au gouvernement une mission de ravitaillement qui ne serait pas conforme au mouvement coopératif. (*Applaudissements.*)

LE PRÉSIDENT. — Je mets aux voix la résolution ci-dessous:

(La résolution est adoptée.)

Le Ravitaillement

« Le Congrès National des Coopératives affirme une fois de plus la nécessité d'une politique de ravitaillement hardie et prévoyante marquée par une production sans cesse accrue et une régularisation organique de la répartition des produits et des moyens de transport.

La Coopération française est toujours prête à soutenir tout effort des Pouvoirs publics dans ce sens mais elle réclame que les moyens d'action ne lui soient pas marchandés au profit d'intermédiaires plus souvent soucieux de bénéfices que de scrupules.

Les Coopératives de consommation, dont la force accrue pendant la guerre prouve la compréhension sans cesse grandissante qu'ont les consommateurs du besoin de se défendre contre les difficultés de vivre, sont toujours des organismes désintéressés qui, même lorsqu'ils ne peuvent suffire aux besoins de tous, n'en servent pas moins de régulateurs de prix et de moyens généraux de lutte contre la cherté de la vie.

Elles sont donc qualifiées pour être utilisées comme organe des Pouvoirs publics constituant ainsi le service public de la consommation.

La faveur que rencontre le mouvement coopératif lui fait un devoir de se montrer à la hauteur de la situation et de mettre toute sa force d'organisation au service du pays dans l'œuvre économique de la répartition des produits.

En conséquence, le cinquième Congrès des Coopératives de consommation, en présence du déficit de production sur certaines denrées, des difficultés d'importation et surtout de l'insuffisance absolue du service des transports terrestres et fluviaux, demande que les denrées raréfiées soient généralement réquisitionnées par l'État et réparties suivant un système de contingentement déjà éprouvé, la taxation n'étant susceptible dans ce cas de jouer un rôle dans la diminution des prix que si elle est appliquée à des denrées régulièrement contingentées.

Il y a cependant des produits sinon abondants, du moins en suffisance, dont la cherté ne s'explique que par le désir illicite de spéculation et les difficultés de transport et de matériel occasionnées et souvent excusées par le fait de la guerre.

La crise des transports est loin d'être solutionnée, en effet, et va s'aggravant chaque jour sans qu'il semble que des efforts sérieux soient faits pour l'enrayer par la création d'un matériel nouveau et une utilisation rationnelle de celui qui existe et qui est souvent garé de telle sorte qu'il sert plus à certains intérêts privés qu'à l'intérêt général.

Le Congrès constate que le vin, par exemple, contrairement à beaucoup d'autres denrées, ne manque pas et que la hausse est produite par les exigences des producteurs à la propriété, des intermédiaires négociants et l'insuffisance des wagons-réservoirs mis à la disposition des organes désintéressés.

Le Congrès demande donc la taxation à la production dans les quatre départements gros producteurs de façon à ramener le prix de base à des prix normaux; que, sur les wagons-réservoirs réquisitionnés, un certain nombre soient mis à la disposition de l'organisation coopérative à titre permanent et non à titre temporaire, et que le gouvernement exige que les Compagnies de chemin de fer construisent des wagons-réservoirs pour éviter la spéculation qui en est faite par leurs détenteurs.

Le Congrès, en présence, d'une part, de l'organisation réalisée ou projetée d'institutions municipales de ravitaillement et, d'autre part, des heureux résultats obtenus, tant à Paris que dans plusieurs grandes villes de province, par la collaboration et l'action concertée des municipalités et des Coopératives de consommation, déclare :

Qu'il n'y a aucune opposition ni d'intérêts, ni de principe, entre les Coopératives de consommation et les entreprises municipales organisées dans le but de satisfaire aux besoins des consommateurs.

Mais les Coopératives de consommation, fortes de leur expérience d'institutions d'intérêt général, gérées selon les règles de l'économie privée, affirment :

1° Que l'intérêt commun des consommateurs et des contribuables ne sera sauvegardé que si les entreprises municipales de ravitaillement adoptent pour leur gestion les méthodes commerciales et organisent leur comptabilité de façon à faire apparaître les résultats de leur exploitation sans dissimulation d'aucunes charges immédiates ou lointaines ;

2° Qu'il est par suite indispensable que les communes soient libérées des règles désuètes de la comptabilité publique qui n'ayant d'autre fin que de rattacher chaque dépense particulière à un chapitre du budget, restent étrangères à toutes notions de rendement, ne constituent malgré leur complication qu'une garantie illusoire contre le gaspillage, empêchent toute tractation opportune et sont incapables en fin de compte de mettre en évidence les résultats en pertes et en bénéfices qui ressortent d'un bilan commercial correctement établi.

Le Congrès émet donc le vœu que soit adoptée dans le plus bref délai la proposition de loi déposée par Albert Thomas au nom de l'Office technique de la Fédération nationale des Coopératives et tendant à autoriser les communes ou les départements à créer des Offices publics d'approvisionnement dotés de la personnalité civile sur le type amélioré des Offices publics d'habitations à bon marché.

Le Congrès déclare au surplus que les municipalités peuvent, dès maintenant trouver dans les Coopératives de consommation les organes de gestion désintéressés offrant toutes les garanties désirables de contrôle et de responsabilité, qui leur permettront de mettre l'action publique au service de la masse des consommateurs.

*
**

Enfin, le Congrès, en présence de l'organisation nouvelle créée par le Ministère du Ravitaillement et de l'effort qui est demandé à nouveau au mouvement coopératif, compte sur toutes les Fédérations régionales, le Conseil central et le Magasin de Gros pour, d'une part, veiller à l'observation des mesures de défense des consommateurs associés et représentés dans les offices départementaux et, d'autre part, intensifier toujours l'action du mouvement coopératif en répondant à l'appel du pays, justifiant ainsi la confiance que les consommateurs de toutes catégories placent en lui et préparant ainsi un ordre nouveau de répartition des produits assurant, à l'exclusion de toute recherche de projets, la satisfaction des besoins de tous. »

La répartition des denrées de ravitaillement

Les deux vœux suivants, adoptés par la Fédération Lyonnaise, ont été renvoyés au Conseil central :

1° Considérant que les effets de la loi du 20 avril 1916, autorisant les municipalités à pourvoir directement à l'approvisionnement de la population civile en denrées d'alimentation, doivent prendre fin *trois mois* après la cessation des hostilités ;

Considérant qu'il est raisonnable de penser que les causes qui ont conduit le législateur à voter des dispositions protectrices de l'intérêt des consommateurs se continueront encore après la signature de la paix pendant de longues années :

Considérant qu'il importe au plus haut degré de maintenir pendant cette période le régulateur de prix institué par les régies municipales alimentaires: telles que boucheries, laiteries, épiceries, etc...

Emet le vœu :

En cas de prorogation des effets de la loi que tant dans l'intérêt public et des consommateurs que pour la sauvegarde des finances municipales qui auront supporté la charge des immobilisations pour loyers de locaux, acquisition de matériel, contrats en cours, etc., il soit établi des ententes pour la cession à prix coûtant, amortissements déduits, des régies municipales alimentaires existantes à des Sociétés coopératives, locales ou régionales d'une aptitude reconnue à la gestion et seules capables d'en continuer l'exploitation au profit des consommateurs et dans l'intérêt général ;

2° Emet le vœu que dans toutes les localités, où il existe des Coopératives, celles-ci soient seules désignées pour l'unique répartition de toutes les denrées dites de ravitaillement, étant entendu que les habitants non coopérateurs auront droit à ces marchandises sur le vu et le timbrage de leur carte d'alimentation.

Les Économats

RAMADIER. — La question des économats a été inscrite à l'ordre du jour du Comité fédéral qui s'est tenu à Paris. La Fédération nationale a été vivement impressionnée par l'état d'inapplication complète dans lequel se trouvait la loi de 1910, interdisant la constitution d'économats nouveaux et prescrivant, à partir de 1912, la suppresssion de tous les économats existant au moment du vote de la loi.

La guerre, en effet, a permis la reconstitution, sur tous les points du territoire, d'un grand nombre d'économats. Elle a créé des masses ouvrières dans les centres qui ne possédaient pas les moyens suffisants pour ravitailler des masses agglomérées ainsi au hasard de l'organisation des fabrications de guerre. Elle a nécessité la création rapide de moyens de ravitaillement, et des industriels qui avaient constitué autour de leur usine des centres ouvriers importants ont pensé à la création de ces moyens de ravitaillement assez importants eux-mêmes pour permettre aux ouvriers travaillant dans leurs usines d'avoir les marchandises indispensables pour vivre.

Tout naturellement, au lieu de remettre à des organisations ouvrières ou à des Coopératives le soin de ravitailler les ouvriers, ces industriels ont tout d'abord songé à organiser eux-mêmes ce ravitaillement.

C'est ainsi que, dès l'année 1916, il s'est créé en France 62 restaurants annexés à des usines appartenant à des industriels. Le mouvement n'a pas cessé de se développer. Une statistique du Ministère de l'Armement a indiqué qu'en 1917, il y avait 161 restaurants, et en ajoutant aux restaurants les boutiques d'épicerie, cela ferait 400 économats divers fonctionnant sur l'ensemble du territoire. C'est presque autant d'établissements patronaux qu'avant le vote de la loi de 1910. Les nécessités de la guerre ont ainsi permis la reconstitution complète des organisations d'économats supprimés par la loi de 1910.

Cette situation ne pouvait continuer. La Fédération nationale, justement alarmée par le développement rapide de ces économats, a demandé aux Pouvoirs publics de respecter une loi votée, mise en application, et qu'aucune loi contraire n'était venue abroger, se demandant même par quelle tolérance il avait pu être admis un seul instant qu'une loi qui avait un caractère pénal ait pu ne pas être appliquée.

On a qualifié parfois la non-application d'une loi pénale de crime de forfaiture. Je ne veux pas aller si loin. Mais, en tout cas, il y a très certainement une grande négligence de la part des organismes publics à avoir ainsi laissé tomber en désuétude une loi votée par le Parlement et qui n'a jamais été abrogée.

Nous avons demandé au Ministère de l'Armement, pour commencer, d'inviter les industriels à ne pas ouvrir à l'avenir d'économats. Il était difficile d'aller beaucoup plus loin; car il ne suffit pas de supprimer les économats, il faut encore les remplacer par d'autres organes de ravitaillement. Il est indiscutable que, malgré les inconvénients extrêmement graves des économats, ils rendent des services et qu'il est difficile du jour au lendemain d'organiser autrement le ravitaillement des masses ouvrières pour lesquelles on les a créés.

Nous avons dit aux Pouvoirs publics: la Coopération se met en mesure, partout où besoin sera, d'organiser rapidement de nouveaux services et de se substituer aux économats qui doivent disparaître.

Nous avons — je dois l'avouer — rencontré certaines résistances; mais le Ministère de l'Armement a consenti à envoyer une circulaire rappelant l'existence de la loi de 1910 aux contrôleurs de la main-d'œuvre et les invitant à signaler au Ministère du Travail les économats qui se créeraient dans l'avenir.

Nous avons obtenu que la Commission du travail du Ministère de l'Armement vote un vœu dans le même sens. Quant au Ministre du Travail, il s'est montré décidé à poursuivre l'application de la loi de 1910 et à exercer toute son autorité contre les économats.

Voilà la question qui se pose à vous. Il faut faire appliquer la loi sur les économats et constituer des organisations coopératives qui se substitueront aux organisations patronales pour le ravitaillement des ouvriers.

Ainsi, nous sommes appelés à examiner comment pourront être constitués ces organes destinés à remplacer les économats.

Dans la plupart des cas, nous espérons qu'il pourra se trouver des Coopératives locales assez puissantes, assez bien organisées, jouissant de la confiance ouvrière et qui pourront immédiatement organiser les services que la suppression des économats rendra indispensables. Dans la plupart des cas, ce sera la direction que nous prendrons. Mais il faut prévoir des difficultés plus considérables. Il se peut — cela se produira certainement — que, par suite de l'absence d'organisation coopérative dans la localité ou dans la région, on ne puisse faire appel à une organisation locale ou régionale. Nous serons alors amenés à envisager ce problème.

Il se créera incontestablement bien souvent pour remplacer un économat, soit une Coopérative professionnelle, soit une Coopérative d'usine. Quels que soient les principes que nous professions sur l'excellence de l'organisation régionale, ce sera une victoire pour l'esprit coopératif que la substitution de ces organes aux économats tenus par les patrons. Une Coopérative d'usine, où les sociétaires auront égalité de droit dans l'Assemblée générale et où ils pourront, quand ils le voudront, se rendre les maîtres de la situation, vaut mieux qu'un économat patronal.

J'entends bien que c'est loin d'être une organisation parfaite et que la Coopérative d'usine reste malgré tout sous l'influence patronale. Le patron peut, lorsqu'il lui plaît, tenter de reprendre dans la Coopérative une part plus ou moins importante de l'influence qu'il avait dans l'économat. J'entends bien que dans un assez grand nombre de cas des tentatives de ce genre se produiront. Mais n'oublions pas que nous sommes entre le pire qui est l'économat et un mal moindre qui est la Coopérative d'usine. Le problème qui se pose à nous est le suivant : devons-nous rendre impossible l'application de la loi de 1910 en nous opposant d'une manière systématique et absolue à la création de Coopératives d'usines? Devons-nous, par cette intransigeance, battre en brèche les principes mêmes de cette loi et favoriser les tentatives de ceux qui, au Parlement, essaient d'en poursuivre l'abrogation?

Il faut que, dans toute cette affaire des économats, nous marchions la main dans la main avec les organisations ouvrières. Il faut que nous soyons complètement aidés par elles et que, d'accord avec elles, nous montrions que c'est un véritable esprit démocratique qui doit réunir les coopérateurs et que, tous les coopérateurs étant également maîtres dans la Société, doivent avoir, dans l'Assemblée générale, une part égale d'influence et de prépondérance.

Voilà le problème. Je pense qu'au lieu de nous arrêter à une règle absolue et systématique qui met au premier plan un idéal d'organisation coopérative...

Un Délégué. — C'est le meilleur.

RAMADIER. — ... Qui est le meilleur, évidemment, mais dont la réalisation est ici difficile, — au lieu de nous arrêter à cette intransigeance, excellente en théorie mais parfois difficile dans l'application, nous devons avoir assez de souplesse pour entamer la lutte sur tous les fronts et pour entrer au sein des Coopératives d'usines et y faire pénétrer l'esprit coopératif en même temps que l'esprit syndical qui veulent que dans les Coopératives d'usines, il y ait pour les sociétaires un droit absolu et souverain, en dehors de toute influence patronale et de toute pression quelle qu'elle soit.

Je crois, camarades, que nous ne pouvons pas avoir d'autre formule d'action que celle-là. La Fédération nationale s'est efforcée d'agir d'accord avec les organisations ouvrières. Lorsque nous avons adressé au Ministère de l'Armement notre demande d'application de la loi de 1910, nous avons au préalable consulté dans une des réunions que nous avons eues, rue de l'Entrepôt, la Fédération des travailleurs de l'Etat, dont les délégués à la Commission du travail au Ministère de l'Armement, ont appuyé de leurs voix cette façon de voir. La Fédération des métaux a également appuyé notre pensée, tant au Ministère du Travail qu'au Ministère de l'Armement. Vous entendrez tout à l'heure le délégué de la Fédération des Chemins de fer.

Ainsi, nous appuyant sur la loi, sur les organisations ouvrières, sur l'intérêt général, nous demandons que la loi soit appliquée, que les Coopératives soient créées à la place des économats, et que ces Coopératives adhèrent à nos unions régionales, à nos Sociétés de fusion, et ainsi, s'épanouissant dans les grandes organisations régionales, voient disparaître complètement toutes les influences extérieures aux influences coopératives qui pourraient s'exercer contre elles.

Voilà quel est le problème qui se pose aujourd'hui devant le Congrès.

Avant de terminer, je voudrais vous dire un mot d'un point particulier: je veux parler des économats des chemins de fer.

Ce sont, parmi les économats, certainement les plus anciens, les plus prospères et ceux qui ont rendu le plus grand nombre de services. Il est indiscutable que par leur richesse, par les facilités de transport, par les conditions mêmes du travail des employés des chemins de fer éparpillés dans toute la France et non pas seulement réunis autour de quelques ateliers ou de quelques gares, les économats des chemins de fer ont pu rendre des services aux cheminots.

Il est non moins certain que les cheminots préféreraient être les maîtres de ces organisations, où ils ont cependant quelquefois, comme dans le réseau de l'Etat, une certaine part d'influence. Ils ne veulent pas que ces économats soient du jour au lendemain supprimés, sans être remplacés au préalable.

La Fédération nationale des chemins de fer a examiné le problème dans toute son ampleur. Elle a, dans une résolution que notre camarade Poisson a entre ses mains et à la rédaction de laquelle il a participé, demandé la suppression des économats qui subsistent, non pas comme les autres, en violation de la loi, mais en vertu d'une tolérance de la loi elle-même qui les place dans une situation tout à fait spéciale.

Le Congrès national a demandé la suppression des économats et leur remplacement par des Coopératives professionnelles.

Vous voyez que cet exemple particulier, ce grand exemple des économats des chemins de fer, illustre et précise ce que je vous disais tout à l'heure d'une manière générale.

Sans doute nous n'avons pas à craindre, dans les économats des chemins de fer, l'absence d'esprit démocratique. Nous n'avons pas à redouter, sinon que les influences patronales s'exercent, du moins qu'elles y soient prépondérantes. Nous savons très bien qu'il y a là d'immenses organisations qu'on ne pourrait pas supprimer comme on voudrait et dont on ne pourrait pas détruire l'influence. La grande organisation syndicale des cheminots a jugé qu'avant de réaliser les principes issus de notre essor coopératif, il fallait passer nécessairement par les Coopératives professionnelles.

Il sera donc nécessaire, pour les chemins de fer, de passer par cet état intermédiaire des Coopératives professionnelles dotées des sommes qui sont, à l'heure actuelle, mises à la disposition des économats. Ces Coopératives retrouveront non seulement des sommes mais aussi les établissements des économats actuels, et elles pourront ainsi, sans aucun changement, se substituer aux économats et, en les remplaçant, laisser subsister l'intégralité des services qu'ils rendent.

Certainement, camarades, nous pensons que cette transformation des économats en Coopératives professionnelles ne suffit pas et qu'il faudra aller plus loin. Il faudra que ces économats, transformés en Coopératives professionnelles, entrent dans le cadre même de notre organisation, que des règles strictes soient posées pour qu'ils n'entrent pas en conflit avec les organisaitons coopératives locales, et que, peu à peu, ces organisations professionnelles vivent véritablement la vie coopérative.

Lorsque nous aurons ainsi, par la pénétration de l'esprit coopératif, substitué des Coopératives, constituées sous le régime normal, aux économats actuels, je crois que nous aurons accompli une grande œuvre. Et s'il a fallu temporairement abandonner une certaine intransigeance, nous aurons, en définitive, obtenu que des masses ouvrières extraordinairement importantes rallient le drapeau coopératif. (*Applaudissements.*)

Le Président. — La parole est à Dubois, délégué du Syndicat national des Cheminots.

Dubois. — Je dois vous expliquer très brièvement pour quelles raisons la Fédération n'a pas pu envisager, contrairement au sentiment des nombreux coopérateurs qu'elle contient, la possibilité de transformer les économats des chemins de fer en Coopératives ouvertes à tout le monde.

La première de ces raisons est celle qui vient d'être exposée par Ramadier : les consommateurs des économats des chemins de fer se trouvant répartis dans toute la France doivent avoir un lien avec l'organisation centrale qui leur permet de recevoir à temps les denrées dont ils ont besoin.

La deuxième raison est le gros avantage du crédit dont nous disposons. Les employés des chemins de fer trouvent dans les économats la possibilité de l'avance de salaire d'une quinzaine. Beaucoup considèrent que c'est là un gros avantage. En réalité, c'est un joug qui s'appesantit sur les épaules du travailleur et l'entrave la plus grande qui sert à empêcher les organisations syndicales de demander les augmentations de salaire indispensables à la vie du cheminot. C'est ainsi que nous voyons des camarades dont les salaires sont insuffisants pour les achats qu'ils font à crédit, qui, le jour de la paye, passent devant le guichet pour ne recevoir que quelques francs comme rémunération de leur travail, le reste étant absorbé par l'économat. Il arrive même que des femmes de cheminots se voient obligées, pour avoir quelque argent à la fin du mois, d'aller chercher des marchandises à l'économat et de les revendre à des voisins pour pouvoir boucler leur budget. Par conséquent, cet avantage est, en réalité, un grand désavantage. Et nous ne pouvons pas le détruire du jour au lendemain parce qu'il est ancré dans le cerveau ouvrier. Et vous savez comme il est difficile de faire sortir une erreur des cerveaux ouvriers.

Il faudra donc, conformément au vœu de la Fédération des chemins de fer, qui a adopté à l'unanimité une résolution en ce sens, demander la transformation des économats en Coopératives professionnelles. Notre rôle de syndicalistes et de coopérateurs consistera à faire que ce soit pour le temps le plus court possible. Il faudra temporairement que ces Coopératives soient des Coopératives fermées, continuant à faire crédit aux adhérents, mais leur permettant, par des moyens financiers de se libérer le plus vite possible de ce crédit, et que ces Coopératives s'étendent dans l'avenir au public et fassent bénéficier des bienfaits de la coopération tous les habitants d'un même pays.

Les économats créent dans certaines régions une catégorie de privilégiés qui, bien qu'appartenant à la classe ouvrière des cheminots, sont considérés comme des petits bourgeois dans la classe ouvrière. Ces camarades là, par leur action syndicale, obtiennent des avantages que la classe ouvrière n'obtient pas toujours aussi facilement. De plus, ils peuvent se fournir à meilleur marché, dans l'économat, de denrées que les camarades de l'industrie privée ne peuvent pas trouver parce qu'ils n'ont pas su faire l'effort nécessaire pour s'organiser coopérativement.

Les économats sont une cause de division dans la classe ouvrière et nous considérons que les économats des chemins de fer sont des organisations qui empêchent la classe ouvrière de faire l'effort nécessaire pour sa libération. C'est pour toutes ces raisons que nous devons souhaiter les voir disparaître et préparer cette disparition. (*Applaudissements.*)

Sutter (Bordeaux). — Une forme d'économats n'a pas encore été abordée: celle des Coopératives déguisées qui sont en somme des économats créés par des patrons donnant une délégation à leurs employés. C'est sous cette forme que nous risquons de voir réapparaître les économats que nous aurons cru avoir supprimés.

Dans la région bordelaise, nous avons trois grandes firmes qui ont créé de telles organisations ; les Chantiers de la Gironde, la firme Schneider, et la maison Garde et Compagnie, qui ont créé, chacune pour son personnel, ce genre d'économats déguisés sous la forme coopérative. Le directeur ou le patron de la maison a choisi cinquante, soixante ou davantage de ses employés ou vieux ouvriers, très anciens, pour prendre des actions et une fois que les cent ou cent cinquante actions sont payées, il est interdit à quiconque d'y entrer ou d'administrer. Vous voyez qu'après la suppression des économats, nous aurons ainsi des Coopératives déguisées.

Lucas. — Le camarade Sutter vient de vous indiquer une forme de coopérative employée par les patrons pour remplacer les économats patronaux tout en restant sous le régime légal.

De notre côté, nous assistons à des opérations semblables, mais qui en diffèrent cependant en ce sens que les ouvriers eux-mêmes ne sont pas tous appelés à y participer. Nous avons de très grosses firmes qui ont constitué dans notre région une Société d'approvisionnement pour les ouvriers : les Hauts-Fourneaux de Rouen, la Compagnie d'Energie Electrique, la C........ose rouennaise, les Produits chimiques de Saint-Gobain, les Aciéries de Grand-Croix, la Compagnie des Produits chimiques, les Chantiers de Normandie et de Saint-Nazaire.

Ces Compagnies disposent de gros capitaux et organisent des magasins de vente comme des boutiques ordinaires. Les ouvriers eux-mêmes sont trompés par l'allure de l'organisation et désignent communément la Société d'approvisionnement sous le titre de : la Coopérative. Il est nécessaire, puisque ces firmes ont organisé leur affaire sous la forme légale et que nous ne pouvons rien faire sur ce terrain, qu'il y ait, de la part de la Fédération nationale et des Fédérations régionales une propagande intense pour faire comprendre aux ouvriers le danger d'une semblable opération. Au point de vue légal, nous ne pouvons rien faire. Le droit d'association est absolu. C'est sur le terrain de la propagande que nous sommes obligés de nous placer.

NAST. — Ramadier vous a exposé d'une façon très exacte comment, depuis le début de la guerre, les économats avaient repris en France. Si les économats ont pu reprendre en France, ce n'est pas parce que l'état de guerre les a favorisés, mais parce que surtout ces économats ont pu prendre des formes particulières et dangereuses, qu'ils pourront revêtir dans l'avenir, même après la guerre.

Je ne partage pas du tout les illusions de Ramadier sur les résultats qu'il attend de la loi répressive. Cette loi est du 25 mars 1910. A la veille de la guerre, la plupart des économats, sauf les économats des chemins de fer avaient disparu ou s'étaient reconstitués sous d'autres formes que la loi ne pouvait pas atteindre. Ce que nous voyons actuellement, nous le verrons après la guerre. Je ne veux pas faire seulement entendre une note purement pessimiste, car je crois qu'il y a remède à cette situation. Mais ce n'est pas celui qu'a indiqué Ramadier, car, au point de vue de la lutte contre les économats, il est infiniment préférable pour nous de nous trouver en face d'économats avoués, que d'économats camouflés. Et les Coopératives d'usines sont précisément des économats camouflés.

Il y a parmi vous des représentants de Coopératives destinées uniquement à certaines professions; peut-être même uniquement au personnel d'une usine.

La Coopérative d'usine est dangereuse, parce qu'elle répand entre nos camarades un état d'esprit qui pourra être nuisible à la coopération elle-même. Il m'est arrivé de voir que là où il s'agissait d'un mouvement coopératif naissant, là où il n'existait que dans une usine et où quelquefois le patron s'en désintéressait, c'étaient des ouvriers qui disaient: notre Coopérative sera fermée aux catégories de la population qui n'ont qu'à faire elles-mêmes une Coopérative.

Nous devons lutter contre cet état d'esprit particulariste. Nous ne devons pas demander la création de Coopératives spéciales, car ce n'est pas un moyen de lutter contre cet état d'esprit, comme le demande la résolution de la Commission.

D'autre part, il y a un grand danger, signalé tout à l'heure par Sutter et Lucas. C'est celui des groupements constitués entre les grands industriels pour ravitailler leur personnel. Ces organisations échappent à la loi sur les économats, parce que nous n'avons pas en face de nous une usine ravitaillant directement son personnel, mais l'ensemble des industriels d'une région qui font une association ou une Société constituée d'après la loi de 1867, sous le nom d'institution philanthropique ou groupement coopératif. Ici, la loi sur les économats ne peut pas s'appliquer: d'une part, parce qu'une loi répressive est toujours d'application stricte ; d'autre part, parce que ceux qui font partie d'une Société semblable constituent en réalité une institution de ravitaillement et que ce n'est pas une usine qui vend à son personnel. C'est la Société constituée par ces industriels qui ouvre des succursales où l'on va s'approvisionner, comme dans une succursale coopérative.

Pour lutter contre cela, la méthode qu'on peut employer est celle qui a réussi sur un autre domaine, et qui consiste à développer nos grandes organisations coopératives ouvrières, nos grandes Sociétés de fusion.

Je crois que c'est surtout de ce côté que la Fédération et le Congrès devraient orienter le mouvement. Nous devons nous garder surtout de prendre des résolutions qui seraient trop précises sur les moyens d'action.

Il y a ici un rôle à jouer pour les Syndicats ouvriers, mais je ferai appel aux Syndicats professionnels à la différence de Ramadier, pour lutter contre les Coopératives d'usines, à fortiori contre les économats. Ce sont les Syndicats ouvriers qui doivent faire comprendre à leurs membres et à la classe ouvrière le danger des Coopératives restreintes.

Lorsque l'industriel a pris l'initiative d'une Coopérative d'usine, il fait valoir que son personnel est libre, qu'il y a une Assemblée générale et un Conseil d'administration sur lesquels il ne fait pas pression. Il est vrai que le patron laisse échapper dans la conversation quelques expressions tendancieuses.

Il serait beaucoup plus prudent de ne pas voter la motion du Conseil fédéral telle qu'elle est présentée et de se prononcer sur le principe, c'est-à-dire demander aux Pouvoirs publics l'application de la loi de 1910 sur les économats quel que soit le nom sous lequel il se présente, mais qu'en ce qui concerne les méthodes d'action, on se borne à faire la déclaration prévue par la motion, c'est-à-dire que la Fédération déclare qu'elle est prête à gérer les organismes d'alimentation, même éventuellement avec le concours des industriels mais sous l'administration d'un personnel qui ne dépende pas d'eux, les industriels fournissant des avances aux organisations coopératives et des locaux.

Ce serait l'organisation coopérative traitant d'égal à égal avec le patron et nous pouvons trouver là le moyen de lutter à la fois contre les économats et contre les Coopératives d'usines.

En d'autres termes, demandons l'application de la loi de 1910, mais ne précisons pas le mode de cette application. Ce sera une question de propagande. Et renvoyons ces questions à l'Office technique. (*Applaudissements.*)

POISSON. — Je veux répondre un mot sur le point le plus dangereux. C'est le cas où il se crée une Société anonyme, conformément à la loi de 1867 qui n'est ni un économat, ni une Coopérative, mais en réalité une Société commerciale ordinaire, une Société capitaliste anonyme qui, au lieu d'être faite par des commerçants, est faite par des industriels.

Un Délégué. — Dans les organisations indiquées, les industriels délivrent des livrets pour les sociétaires dans l'usine. On pourrait peut-être dire qu'on interdira aux usiniers de donner des livrets dans les usines.

POISSON. — Il s'agit d'une Société commerciale ordinaire. Nous ne pouvons que combattre purement et simplement cette forme de Société, comme les Sociétés à succursales multiples et montrer que c'est simplement une organisation industrielle gérée dans l'esprit commercial.

Nous lutterons, parce que nous pouvons prétendre que c'est simplement tourner la loi sur les économats. Ce sera l'un des rôles de la Fédération nationale. Si nous sommes devant une Société anonyme nous n'avons qu'à la combattre, et mettre notre Coopérative en face. Mais du moment qu'il y aura intervention du patron, pour faire de ses ouvriers des clients de son organisation, je crois que nous pourrons prétendre qu'ils tournent la loi de 1910 sur les économats et agir en conséquence. Je crois que nous pouvons demander l'application de la loi et au besoin, si la loi est insuffisante, en demander la modification. Nous pourrions donner mandat à l'Office technique, en même temps que de réclamer l'application de la loi de 1910, d'envisager les modalités ou modifications à y apporter, en tenant compte de ce que viennent de dire Lucas et nos autres camarades.

Il ne peut pas y avoir juridiquement une fausse Coopérative. Il y a Coopérative ou économat, et dans les deux cas il s'agit d'être armés. Si c'est une Coopérative, nous n'avons qu'à nous incliner. Si c'est un économat, nous n'avons qu'à demander l'application de la loi ou même sa modification, si elle est insuffisante. J'entends bien qu'il y a une chose qu'on peut faire : c'est d'affirmer que nous sommes contre les économats, mais en pratique ne rien faire contre eux pendant la guerre.

Au Ministère de l'Armement on a laissé se créer des organisations philanthropiques, on a laissé se constituer des économats. Nous voulons arrêter ce mouvement. Pour l'arrêter, il ne faut pas que l'on se contente de nous dire : nous combattons les économats, nous allons les condamner en principe et charger la Fédération nationale de faire une propagande contre eux.

Il faut demander au Ministère de l'Armement et au Ministère du Travail que, dès maintenant, on rappelle aux industriels qu'il y a une loi qui ne permet pas de constituer un seul économat.

Nous nous mettrons à la disposition du Ministère de l'Armement et du Ministère du Travail là où il y a des difficultés pour l'alimentation des ouvriers dans les centres industriels. Mais si, malgré tout, on constitue quelque chose entre une Coopérative fermée et une organisation philanthropique, il vaut encore mieux se prononcer pour la Coopérative fermée.

Nous avons, par notre action, commencé à arrêter le mouvement. Avec les Coopératives fermées, nous sommes encore sur le terrain de la Coopération et nous ne pouvons arriver à des Coopératives ouvertes, tandis que nous ne pouvons pas espérer cela des économats ou organisations philanthropiques. Profitons des Coopératives fermées, puisqu'elles sont nécessaires pour pouvoir lutter. Nous essaierons d'en transformer l'esprit. Et nous demanderons l'application de la loi et au besoin sa modification contre les économats.

En ce qui concerne les chemins de fer, nous sommes complètement d'accord avec la Fédération des cheminots et, si vous voulez, je vais vous faire connaître la résolution que le Comité confédéral soumet au Congrès.

C'est une formule d'action, ne fermons pas la porte à l'avenir. C'est la tâche immédiate qui ménage le lendemain. C'est le stade intermédiaire qui permettra d'aboutir à la suppression totale des économats et à leur remplacement par des Coopératives ouvertes. Voilà pourquoi nous tenons à notre texte et à notre proposition.

Un Délégué de Puteaux. — Si nous nous en tenons à la question légale, si nous ne nous adressons qu'à la loi, pour combattre les organisations patronales, nous n'arriverons à rien. Le travail de la classe ouvrière et des militants est de mettre les bâtons dans les roues pour empêcher ces organisations de se créer.

Au sujet des économats des chemins de fer, c'est un fait acquis, mais pour les économats qui se créent pendant la guerre, nous devons combattre à outrance.

FAUQUET. — Nous avons trois moyens d'action pour lutter contre les économats, avoués ou camouflés : la loi, l'action de la classe ouvrière organisée dans ses Syndicats et nous-mêmes, coopérateurs, organisant l'action pratique et développant le mouvement coopératif.

De ces trois moyens d'action, il en est un sur lequel vous ne devez avoir aucune illusion, c'est la loi elle-même. La loi de 1910 est une loi qu'il y a bien des moyens de tourner. Rien n'est facile comme de tourner la loi sur les économats. C'est de créer une Coopérative d'usine, conforme à la loi de 1917 et qui échappe à l'application de la loi de 1910, même lorsque la totalité du personnel en fait partie. Mais dans ce cas, c'est une institution dangereuse, parce que dans l'Assemblée générale, qui réunit tout le personnel, les statuts disent bien que chaque actionnaire a une voix, mais en pratique, il y a des ouvriers qui ne peuvent pas en disposer, alors que d'autres disposent d'une influence considérable.

Même en ce cas, les ouvriers n'ont pas la liberté qu'ils ont dans une Coopérative ouverte à tous les consommateurs.

Aussi bien la loi de 1910 est une loi négative et régressive. Nous, nous voulons développer le mouvement coopératif. Ce n'est pas en demandant aux Pouvoirs publics de se servir d'un sabre de bois que nous obtiendrons quelque chose. C'est en agissant nous-mêmes, en faisant de l'action pratique, en développant nos organisations et en travaillant chaque jour un peu plus.

En ce qui concerne la motion, il y a un seul passage que je demanderai de supprimer, c'est celui-ci : « soit en collaboration avec les Coopératives spéciales... »

POISSON. — Je demande alors qu'on rédige la motion de la façon suivante :

Contre les Économats

La Fédération nationale réclame des Pouvoirs compétents l'application de la loi de 1910 sur les économats et qu'en conséquence :

1° Il ne soit plus créé aucun économat ou organisation similaire dits philanthropiques ;

2° Que tous les économats ou œuvres similaires existants soient transformés graduellement en Sociétés coopératives, conformément à la loi du 7 mai 1917.

La Fédération nationale déclare que, dans ce but, elle est en mesure d'assurer ou de faire assurer la gestion de toute entreprise d'alimentation en commun auprès d'établissements industriels, en contribuant à la création de Sociétés coopératives régulières conformes à la loi du 7 mai 1917 et particulièrement en organisant des services dépendant de Sociétés coopératives déjà existantes, et ce, avec le concours des industriels, le cas échéant.

Elle est donc à la disposition des intéressés pour, juridiquement et économiquement, transformer les économats existants en Coopératives fonctionnant dans des conditions identiques.

De plus, la Fédération nationale, en ce qui concerne les économats de chemins de fer d'accord avec les organisations coopératives de cheminots et avec la loi de 1910 qui prévoit le referendum, demande que l'Etat donne l'exemple en transformant son économat en Coopérative et qu'il attribue à celle-ci, à titre de subvention, les sommes qui forment actuellement le fonds de roulement de l'économat.

Le Président. — Je mets aux voix la résolution ainsi modifiée.

(La proposition est adoptée.)

(La séance est levée à 12 heures 25.)

SEANCE DU 24 SEPTEMBRE 1918

(après-midi)

La séance est ouverte à 3 heures.

Président de séance, Ramadier; Assesseurs: Robert, *Avenir Social de Saint-Denis*, et Bayle (de Decazeville).

Sociétés de fusion et de développement

Le Président. — Camarades, nous allons commencer par la discussion de la question des Sociétés de fusion et de développement.

La parole est à Poisson.

Poisson. — Camarades, nous avons mis à l'ordre du jour la question des Sociétés de développement, ou, beaucoup plus exactement, la question des Sociétés de fusion.

Vous savez qu'à ce point de vue, le Comité confédéral a pris une résolution au mois d'avril dernier. Cette résolution avait deux buts : le premier était d'engager les Fédérations régionales à constituer, chacune chez elles, une Société de développement; la seconde était de définir et de préciser les droits des succursales établies par les Sociétés de développement par rapport aux Sociétés existantes.

Je pense qu'en adoptant les rapports, vous avez aussi adopté le rapport du Comité confédéral. Je crois que, pratiquement, les deux seules choses que vous pourriez faire aujourd'hui sont celles-ci :

1° Adopter l'ordre du jour suivant : « La Fédération invite les Fédérations régionales à constituer elles-mêmes une ou plusieurs Sociétés de développement ;

2° Décider que le rôle et le problème de ces Sociétés de développement seront portés au prochain Congrès national pour être étudiés, d'après l'expérience acquise.

Le Président. — L'ordre du jour est adopté et la question sera donc renvoyée au prochain Congrès national.

Je donne maintenant la parole à Garbado.

Le rôle commercial des Fédérations, Unions et Groupements d'achats

I

Quelle forme auront les Groupements fédéraux d'achats.

Le plus souvent, les lois nouvelles n'innovent rien ; elles ne sont que la consécration d'un fait, d'un ordre de choses déjà établi; c'est la reconnaissance de ce qui existe déjà, on ne fait qu'y donner la forme légale.

Il n'en est pas autrement aujourd'hui pour les groupements locaux ou fédéraux d'achat.

Notre rôle ne consiste pas à les créer, mais tout simplement à tracer les grandes lignes dans lesquelles ils vont se mouvoir et se développer pour le plus grand bien du mouvement coopératif.

Il semblera, en effet, utile à ceux qui ont quelque expérience du mouvement coopératif et des difficultés commerciales, d'établir quelques règles, qui pourront éviter aux nouveaux, les déboires regrettables qu'ils ne seraient pas les seuls à regretter, et de permettre au mouvement coopératif de se développer avec méthode et harmonie.

II

Le fonctionnement des Fédérations commerciales diminuera-t-il
les relations commerciales des Sociétés avec le M. D. G. ?

Beaucoup de ceux qui sont convaincus de la nécessité de développer le Magasin de Gros, ont manifesté la crainte de le voir souffrir dans son développement du fait du fonctionnement des entrepôts ou organismes d'achat des Fédérations régionales.

D'autres, qui pensent qu'il est, ou plutôt qu'il sera, une superfétation lorsque les entrepôts des Fédérations livreront les Sociétés de leur région, disent sans ambages: « Il n'aura plus qu'à disparaître en tant que grossiste, en se bornant à fabriquer et à importer. »

Les premiers ont une crainte vaine, les seconds se trompent tout simplement.

Pourquoi le M. D. G. souffrirait-il du fonctionnement des organismes fédéraux ?

Que l'on compare le chiffre d'affaires de la Coopération française et le chiffre d'affaires du M. D. G., il en ressortira immédiatement que le deuxième est excessivement faible eu égard au premier.

Qu'en faut-il conclure ?

Que les Sociétés se désintéressent du M. G. D., ou que celui-ci n'est pas capable de leur donner satisfaction.

Oui, il faut reconnaître que de nombreuses Sociétés se désintéressent du M. D. G. ; que beaucoup ne le connaissent que vaguement de nom et que certaines l'ignorent complètement.

Il faut également reconnaître que le M. D. G. n'a pu donner satisfaction à l'ensemble des Sociétés.

C'est là, la constatation d'un fait et non une critique.

Les Sociétés n'ont peut être pas fait d'efforts pour établir des rapports avec le M. D. G. ; il est même certain que plusieurs y ont mis une mauvaise volonté évidente et un petit nombre, une hostilité à peine dissimulée.

Mais, il est non moins exact que le M. D. G. n'a pu toucher ces Sociétés par sa propagande et par ses services commerciaux.

Il faut se rendre compte que le M. D. G. ne peut pas livrer dans de bonnes conditions de faibles commandes dans les localités fort éloignées de ses entrepôts et, qu'en continuant ainsi, il ne pourrait jamais arriver à grouper la force d'achat des coopérateurs.

Combien la situation sera changée le jour où les Fédérations d'achat seront organisées et fonctionneront normalement !

D'abord, plus besoin pour le M. D. G. d'expédier de faibles commandes, où il ne trouve guère son compte et où les Sociétés ne le trouvent pas davantage. Les faibles commandes se sont groupées à la Fédération d'achats régionale, et c'est avec des camarades, le plus souvent expérimentés, que se discuteront et se décideront les transactions commerciales importantes. Et, croyez-nous, il est bien plus agréable et plus facile de traiter des affaires avec ceux qui connaissent leur métier, qu'avec les autres...

Au lieu d'avoir affaire avec 2.000 ou 3.000 Sociétés, au lieu d'être obligé de faire visiter les bourgades les plus éloignées, ce qu'il ne peut faire que difficilement, que rarement et à grands frais, le M. D. G. n'aura plus à traiter qu'avec une centaine de Fédérations. Quelle simplification! Que de paperasses en moins et que de temps gagné!

Et pourquoi les Fédérations, qui grouperont bien plus facilement les Sociétés de leur région, n'achèteraient-elles pas au M. D. G. ?

Elles ne le feront — parce que, pensons-nous, à la tête des Fédérations il y aura des camarades de conscience droite et éclairée — que le jour où le M. D. G. ne pourrait leur donner satisfaction.

Et nous ne voyons aucune impossibilité à ce qu'il puisse bien placer les Fédérations, et ceci, tout simplement grâce à la puissance d'achat qu'elles lui donneront ; il ne saurait en être autrement ou, alors, l'expérience démontrerait que notre méthode est mauvaise.

Certes, les transactions ne ressembleront plus à celles d'aujourd'hui et, pour certains articles, y aura-t-il lieu de revenir à la proposition faite par nous à une des précédentes Assemblées générales du M. D. G., de demander à toutes les Sociétés de confier au M. D. G. toute leur force d'achat sur un ou plusieurs articles déterminés.

Ce jour là, il est aisé de comprendre combien il sera plus facile de réaliser un semblable projet, si plein de promesses, avec quelques Fédérations régionales qu'avec l'ensemble des Sociétés.

D'autre part, les transactions étant plus importantes, les expéditions se feront, pour une grosse part, des lieux d'origine, de façon à ne pas grever la marchandise de frais d'entrepôt.

Pour qu'il n'en soit pas ainsi, il faudrait que nos camarades des Fédérations régionales, rétrécissant volontairement leur horizon, ne perçoivent plus l'urgente nécessité de constituer un organisme central puissant, qui les mettra, après la guerre, quand des forces capitalistes se jetteront avec leurs méthodes, leurs capitaux, dans l'arène commerciale, à même de lutter avantageusement.

Mais, mieux que de donner des raisons, citons un exemple : le chiffre d'affaires, en épicerie, avec les sociétés du Comptoir général des Coopératives du Doubs était insignifiant ; il a suffi d'une visite faite à cette Fédération et d'un voyage à Paris de deux délégués de cette association pour faire, en une seule fois, plus de cent mille francs d'affaires, et l'avenir est plein de promesses pour les relations avec cette organisation régionale. Combien aurait-il fallu de temps pour arriver à ce résultat en s'adressant à chaque Société ?

Non, le M. D. G. n'a rien à craindre de la création et du développement des organismes fédéraux d'achats pour le développement de son chiffre d'affaires; au contraire, nous sommes convaincus que l'organisation méthodique des groupements régionaux est la seule méthode efficace pour développer la Coopération, pour grouper la force totale d'achat, et, par conséquent, pour donner au M. D. G. toutes les facilités de se développer.

Quant à ceux qui pensent qu'il devra disparaître comme grossiste, nous leur dirons :

Nous supposons un instant que le M. D. G. n'existe pas ; mais, que, par contre, toutes les Fédérations commerciales aient un organisme de gros leur appartenant, nous sommes absolument convaincus qu'à leur premier Congrès, ils décideraient la création d'un magasin national, non seulement pour faire la fabrication des produits coopératifs, et pour pratiquer l'importation des produits étrangers, mais, encore, comme un organisme de gros.

Quelle que soit la force de développement du M. D. G., nous sommes tous convaincus qu'il est loin, fort loin, d'avoir atteint le but que lui ont tracé ses fondateurs.

D'ici que, dans ses multiples usines, il fabrique tout ce qui sera nécessaire aux besoins du monde coopératif, bien des années s'écouleront...

Alors, d'ici là, les nécessités qui auraient obligé les Sociétés à se grouper dans un organisme national perdraient de leur valeur? Le stade de la concentration des efforts serait terminé? Le but atteint?

Quelle erreur ?

Certes, pour certains produits, principalement ceux du sol, et encore pas tous, il est fort probable que les Fédérations se passeront ou pourront se passer d'un organisme national ; mais, pour les produits industriels ou, tout au moins, pour beaucoup d'entre eux, les organisations fédérales ne se passeront pas d'un organisme central sans dommage.

Si une ou plusieurs Fédérations sont puissantes, elles ne seront jamais aussi puissantes que toutes réunies. C'est là, pourrait-on dire, une vérité de M. de la Palisse. Or, pour bien des produits de fabrication industrialisée, c'est la puissance d'achat qui permet d'obtenir les conditions les meilleures ; une firme puissante achète bien ; dix firmes puissantes réunies achètent mieux.

Nous disions que, pour les produits du sol, certains devraient être livrés par l'organisme central. Prenons, par exemple, le vin, non pas le vin courant, car quiconque peut acheter une cave et possède l'outillage, pourra, souvent, acheter aux mêmes conditions que le M. D. G., mais, pour les vins de Bordeaux ? Y a-t-il intérêt pour la Coopération à ce que chaque entrepôt régional possède son stock de vins fins? Cette marchandise est fort délicate; il faut, pour la soigner, lui donner toute sa valeur, un personnel qualifié. Et les vins ne sont pas les seuls dans ce cas.

Enfin, il est facile de se rendre compte que les Fédérations qui, jusqu'à présent ont fonctionné, ont eu surtout recours, pour leur approvisionnements, à des grossistes, au M. D. G. ou à d'autres, et elles ne sont pas prêtes, si elles le deviennent jamais, à pouvoir faire autrement.

Qui sait, même, comment va se produire l'évolution ?

Est-il prouvé que tous les entrepôts régionaux vont donner des résultats ?

Que tous ils trouveront des Sociétés adhérentes sachant se discipliner, se plier aux exigences de l'intérêt général, et même, parfois, léser l'intérêt immédiat au profit de l'intérêt futur ?

Qu'elles auront toutes un personnel désintéressé, zélé et compétent ?

Qu'elles atteindront un développement tel que tous leurs achats pourront se faire pour le maximum et aux meilleures conditions ?

Et ensuite que ces entrepôts seront gérés avec toute la compétence indispensable ; qu'ils auront les capitaux également indispensables.

En enfin que la route ne soit pas bordée de quelques écueils ?

Attendons donc, avant de nous débarrasser de nos anciennes chaussures, que les nouvelles aient fait leurs preuves.

Disons aussi qu'il s'essaye en ce moment un système, qui n'a pas donné ses preuves, il est vrai, mais, qui pourrait cependant bien réussir. Si oui, le M. D. G., non seulement ne cesserait pas de faire le gros, mais il ferait même le demi-gros.

Tous ne savent peut-être pas que le M. D. G. est le fournisseur presque exclusif de l'*Union des Coopératives* à Paris ; qu'il livre dans toutes ses boutiques la marchandise divisée, préparée, marquée aux prix de vente; marchandise paquetée et préparée par un personnel spécialisé; qu'il établit même les factures à remettre aux gérants de l'*Union des Coopératives*.

Un avenir prochain nous dira si nous sommes dans la bonne voie; mais, en attendant, l'U. D. C. n'immobilise pas ses capitaux dans l'installation coûteuse d'un important entrepôt ; sa direction n'ayant pas souci du gros, porte tout son effort sur le développement de sa vente et, jusqu'à présent, rien ne fait prévoir qu'elle fait fausse route.

A Bordeaux, le M. D. G. ne pratique-t-il pas ainsi.

A Lyon, sous peu, l'*Avenir Régional*, Société de fusion, pratiquera de même.

Alors, qui peut se vanter de lire l'avenir avec certitude ?

Qu'on laisse donc le M. D. G. être un organisme de gros. Mieux que tous les raisonnements, le fonctionnement des organismes fédéraux montrera s'il y a superfétation entre eux et lui.

Nous sommes certains de l'avenir; mais si, malgré tout, nous nous trompions, nous sommes absolument sûrs que ceux à qui vous avez confié la direction de votre organisme de gros — et tous sans exception — seraient les premiers à le reconnaître et à faire ce que l'intérêt supérieur de la Coopération leur commanderait.

III

Mais, il est impossible de laisser les organisations régionales constituer des groupements d'achat, des dépôts, des entrepôts et, quelquefois même, exploiter des usines de production, sans qu'un Congrès coopératif détermine les directions générales qui doivent présider à ce stade important du mouvement coopératif français.

Il ne s'agit nullement, dans notre pensée, de fixer des limites étroites à l'action fédérale, ni même de trop préciser ce que doit être cette action.

Il faut, en effet, bien nous garder de vouloir tout prévoir, de donner des formules trop rigides.

Non, ce que nous voulons, c'est coordonner les efforts de tous en vue d'en tirer le maximum de résultats.

Il n'échappera à personne que si l'organisation fédérale peut donner au mouvement coopératif la base qui lui est nécessaire, il y aurait quelque danger à laisser ces organisations se développer sans guide, et nous dirons plus, sans contrôle.

Les craintes que nous pourrions émettre sont sérieuses.

Ou ces groupements fédéraux réussiront, il faudra alors éviter l'esprit séparatiste qui pourrait s'y infiltrer et en faire des organismes de concurrence entre eux et envers l'organisme national, pour le plus grand mal du mouvement coopératif, ou ces groupements pourraient être créés à la légère, sans les précautions les plus élémentaires, ou avec des capitaux insuffisants, ou, encore, ils auront une direction commerciale insuffisante peut-être mauvaise, et, alors, ce sera la déconfiture, si ce n'est pis.

Il ne faut pas d'échecs graves qui pourraient porter une grave atteinte au développement coopératif.

Que seront les Unions fédérales?

1° Des bureaux de renseignements commerciaux se bornant à fournir aux Sociétés adhérentes tous documents nécessaires pour faire les achats aux meilleures conditions, sans faire eux-mêmes aucun acte commercial ;

2° Des groupements effectuant des achats pour l'ensemble de leurs adhérents; passant des marchés avec les fournisseurs, mais pour le compte de leurs adhérents, sans intervenir pour les paiements, c'est-à-dire sans responsabilité commerciale vis-à-vis des fournisseurs;

3° Des groupements achetant pour leur propre compte et revendant avec surcharge à leurs adhérents, mais se bornant à passer les commandes aux fournisseurs qui livreront directement les Sociétés. Le groupe fédéral, en ce cas, ne possédant pas d'entrepôt, faisant tout au plus des expéditions en groupage, réparties dès leur arrivée en un lieu déterminé entre les Sociétés prenantes, ayant quelquefois un local pour y déposer la marchandise non répartie à l'arrivée ;

4° Un groupement qui serait un organisme de gros régional, avec entrepôts et service de camionnage, soit une véritable maison de gros ;

5° Un groupement ayant la constitution du précédent, mais, qui aurait, en plus, reçu la mission d'être l'organisme de fusion de la ville, de la région.

*
* *

Il est impossible de recommander ou de prescrire aucune de ces formes d'organisation; elles devront être choisies selon les milieux, selon les capitaux et les hommes dont on pourra disposer; car elles ont chacune leurs avantages et leurs inconvénients.

Cependant, il est des règles générales qui doivent servir de bases à l'examen de toute affaire à créer.

Il serait dangereux de laisser croire qu'il suffit de l'installation d'un entrepôt pour avoir de la marchandise suffisamment et pour l'avoir à bon compte. Le problème est un peu plus compliqué.

L'installation d'un entrepôt n'immobilise pas seulement des capitaux, dont on pourrait faire un meilleur emploi, mais son fonctionnement occasionne des frais généraux et autres qui grèvent forcément les prix de revient, enlevant quelquefois le bénéfice obtenu par l'achat en gros et même arrivant à le dépasser !...

La marchandise qui séjourne dans un entrepôt occasionne un double camionnage et une double manutention : l'entrée et la sortie ; elle a à subir les frais d'assurance, de loyer, d'intérêt d'argent ; elle perd de poids ou elle se détériore.

L'entrepôt ne doit donc être utilisé que lorsque l'on ne peut faire autrement ; c'est un mal nécessaire ; mais c'est un mal.

L'idéal à atteindre serait donc de se servir de l'entrepôt le moins possible et de faire aller, autant qu'on le pourra, la marchandise directement du producteur à la boutique de répartition.

Il est facile de démontrer cette théorie par des exemples et de prouver que certains articles ne peuvent passer par l'entrepôt sans dommage.

Les Sociétés, grosses ou petites, paient le chocolat C. O., les cafés torréfiés, les conserves et les chaussures M. D. G., etc., au même prix, quelles que soient les quantités achetées. Si ces marchandises passent par un entrepôt, elles subiront les frais d'exploitation de cet entrepôt qui pourraient s'élever de 3 ou 4 0/0 et davantage (nous en avons la preuve dans l'examen de bilans de Sociétés possédant un entrepôt).

Donc, la petite Société recevant directement une des marchandises citées ou d'autres dans le même cas, la recevra dans son magasin sans frais ; tandis que les Sociétés même puissantes, les verraient subir une augmentation sensible si elles les faisaient passer par l'entrepôt.

D'où il résulte, clair comme le jour, qu'il ne faut se servir de l'entrepôt que le moins possible. Et cette situation se précisera de plus en plus, au fur et à mesure que le M. D. G. développera ses usines. On devra donc, de préférence, se borner à grouper la force d'achat des Sociétés adhérentes, à coordonner les commandes à faire pour que la même marchandise soit achetée au même moment par toutes les Sociétés de façon à permettre un groupage qui économisera des frais de transports et qui permettra, pour certains articles, l'obtention de prix meilleurs.

Une Union d'achats qui adopterait cette méthode; qui se servirait surtout de ses fournisseurs pour servir ses adhérents ; qui obtiendrait des prix de gros pour tous, en passant des achats importants ou en traitant des marchés ; qui ferait des groupages et saisirait toutes les occasions de traiter avantageusement ; qui éviterait, pour la plus grande partie, si ce n'est pour le tout, les frais élevés de l'entrepôt, aurait, selon nous, pris le meilleur chemin.

Cette façon de faire aurait l'énorme avantage de ne pas immobiliser de capitaux et en même temps de réserver l'avenir. En effet, il serait toujours temps d'installer l'entrepôt au moment où on le jugerait nécessaire.

Tandis qu'en procédant d'abord à l'installation de l'entrepôt, les résultats sont plus aléatoires et les dangers plus grands. Nous savons par expérience que pour qu'un entrepôt donne des résultats, il faut qu'il soit très important.

Il se peut qu'il y ait des exceptions ; mais elles sont généralement dues à des causes que la guerre à créées et qui disparaîtront sûrement avec elles.

Nous concluerons donc que les Unions d'achats n'auront pas, dans la plupart des cas, intérêt à installer un entrepôt.

Le cas n'est plus le même si nous avons affaire à une Société de fusion. Là l'utilité de livrer la marchandise paquetée avec prix marqués, oblige la Société à avoir un entrepôt où elle prépare la marchandise ; mais là encore, chaque fois qu'elle le pourra, la Société aura intérêt à ne pas faire passer la marchandise par l'entrepôt, mais à la répartir immédiatement dans ses boutiques dès son arrivée, quelquefois par les soins de son fournisseur qui aura pu être chargé d'apposer lui-même le prix de vente sur les paquets.

Il nous faut donc coordonner le mouvement fédéral et nous ne pourrons arriver à ce résultat qu'en décidant en Congrès ce que les organisations fédérales pourront ou ne pourront pas faire.

Si nous avons dit qu'il ne fallait pas tracer à l'action fédérale des limites trop étroites, c'est que nous voulons éviter dans l'avenir que les groupements ne soient obligés de rompre les cadres où on les auraient enfermés et de violer les décisions des Congrès.

Que ces groupements aient donc toute latitude de mouvement, toute liberté d'expansion; mais que, par contre, en raison même de cette liberté, ils soient tenus à la stricte observation des lignes, générales sans laquelle le mouvement coopératif ne saurait être que désordonné et par conséquent sans action.

Les statuts de la Fédération nationale réglaient le rôle des Fédérations régionales au point de vue commercial, mais ce règlement ne répond plus aux besoins présents, et il est ainsi conçu:

« Les Sociétés coopératives devant concentrer leur puissance d'achat et organiser leur force de production, ce rôle incombe essentiellement au M. D. G.

« Toutes les Fédérations régionales pourront, là où le M. D. G. n'a pas d'entrepôts régionaux, créer des liens d'achats en commun; ces organismes devront, en tous cas, demander préalablement, avant de traiter leurs marchés et faire des achats, les conditions au M. D. G. qui aura la préférence aux conditions de prix et de qualités égales. Ils pourront encore traiter ou produire des objets auxquels le M. D. G. ne peut encore s'intéresser ; néanmoins, ils ne pourront écouler leurs marchandises sans l'assentiment du M. D. G. en dehors de leurs limites territoriales.

« Le Comité mixte devra, d'accord avec eux, fixer les conditions de reprise éventuelle de leurs entreprises de vente et de production par le M. D. G. »

Aujourd'hui, la résolution qui vous est soumise modifie grandement le rôle des groupements régionaux, elle donne le champ libre aux initiatives ; mais, elle n'abandonne pas la claire vision du but à atteindre et elle indique encore que, dans leurs efforts régionaux, les coopérateurs ne devront point perdre de vue l'urgente nécessité de développer l'organisme de gros, le M. D. G.

Et, c'est là le rôle bienfaisant de nos Congrès de pallier à ce que les actions fédérales ont de trop particulier, de trop local, d'élargir l'horizon de chacun et de l'associer, pendant qu'il travaille à l'organisation communale ou régionale, à l'action générale, de permettre à l'effort particulier de s'associer à l'effort général pour créer l'harmonie du mouvement.

A ces différents points de vue, la résolution qui vous est proposée dit-ce qu'il faut dire:

1° *Il faut que ces organismes ne se contituent pas en concurrence les uns avec les autres, et, leur création doit être subordonnée à l'avis des Fédérations régionales.*

Nul ne contestera l'utilité de cette précaution élémentaire, profitable à toutes les Fédérations; elle évitera, en effet, la création de dépôts trop rapprochés les uns des autres et la concurrence dangereuse qui pourrait porter atteinte à l'unité du mouvement coopératif.

2° *Quand les organismes fédéraux joueront eux-mêmes un rôle commercial, ils devront en référer aux organismes centraux.*

Ils devront prévoir qu'un représentant du Conseil unique de la F. N. C. C. et du M. D. G. sera membre du Conseil d'administration, de ces Unions au moins à titre consultatif.

Ces deux paragraphes sont à nos yeux des plus importants ; surtout en ce qui concerne le M. D. G. Car, il importe grandement de savoir si les Unions locales ou fédérales, mais, plus particulièrement celles qui auront des dépôts ou des entrepôts, auront avec l'organisme de gros national, les rapports que commanderait l'intérêt général de la Coopération.

Les Unions vont-elles profiter de la colossale force d'achat qu'elles vont grouper pour donner au M. D. G. un développement rapide et important, ou vivant leur vie propre, devenant un centre ferme, vont-elles se borner à l'action fédérale, indifférentes au mouvement national ?

La résolution a donc raison de prévoir que les Unions qui joueront un rôle commercial devront en référer aux organismes centraux et admettre au Conseil d'administration un représentant du Conseil unique de la Fédération nationale et du M. D. G.. Mais, ce que ne dit pas la résolution, et qu'il sera bon de préciser, ce sont les relations qui devront exister entre les Unions et le M. D. G. Car, nous ne le dirons jamais trop, le mouvement coopératif français aura à bénéficier ou à souffrir du développement des Unions ; selon, qu'elles coordonneront leurs efforts et grouperont leur force dans un mouvement national étroitement uni, ou qu'elles se mouvront isolément dans le cadre plus restreint du fédéralisme.

Certes, il ne s'agit nullement d'imposer des règles étroites, inflexibles. Fidèles à notre façon de voir, nous n'admettons pas les impositions qui, trop souvent, sont ou paraissent arbitraires. Il ne saurait donc être question d'imposer les services du M. D. G. à aucune Union; mais, et là est toute la question, il serait nécessaire qu'une déclaration claire, précise, indique aux Unions quel est leur devoir et leur intérêt; intérêt qui se confond étroitement avec l'intérêt général.

D'ailleurs, la résolution prévoit la présence d'un délégué du Conseil central au Conseil d'administration des Unions et cela peut être fécond en bons résultats, au point de vue des relations à établir entre les Unions et le M. D. G.

Ce délégué, qui pourra ne pas être un membre du Conseil unique, qui pourra même être un coopérateur de la région où sera situé le groupement d'achats, aurait un rôle suffisamment important à remplir s'il savait pallier à ce que l'action de ses collègues au Conseil d'administration pourrait, par hasard, ne pas être conforme à notre résolution.

3° De préférence, les Fédérations régionales, dont le rôle doit être purement moral, devront, si elles désirent avoir un organisme commercial, en créer un à côté de la Fédération ; mais, non obligatoire pour les Sociétés adhérentes à la Fédération.

Il y a dans ce paragraphe le souci légitime de la F. N. C. C. de ne pas voir les travaux commerciaux nuire à la propagande, au point de vue moral qui est le lot des Fédérations régionales; en créant un organisme commercial distinct, les Fédérations éviteront cet écueil, de plus, elles pourront, avec profit, rester un organisme de contrôle moral de la Société commerciale, et, cela pourra être utile parfois. Et, d'ailleurs, pour la garantie des Sociétés adhérentes, pour la régularité des affaires, il faut à tout prix éviter que la Fédération régionale fasse du commerce.

4° Il est désirable que le groupement commercial créé par la Fédération soit, en même temps, une Société de développement, admettant dans son sein des adhérents individuels et capables à un certain moment de devenir une Société de fusion.

Cette partie de la résolution est conforme au programme indiqué par nos Congrès et recommandée par les circonstances présentes en même temps, pourrait-on dire déjà, par l'expérience acquise.

Il faut que tous nos efforts tendent d'abord au groupement des achats; mais, aussi, au groupement des Sociétés elles-mêmes dans une seule Société par ville et, quand cela sera possible, par région.

La création d'une Union d'achats ayant aussi comme mission d'aider à la fusion des Sociétés et de créer et gérer les nouvelles installations de boutiques coopératives, sous la forme de Sociétés à succursales multiples, est la meilleure formule; car elle évite les susceptibilités des camarades qui ne veulent pas voir disparaître leur Société au profit moral d'une autre.

Evidemment, il ne faudrait pas dire que toutes les Unions devront être des Sociétés de fusions; mais, il devra en être ainsi chaque fois que la chose ne supportera pas d'inconvénients.

5° *Les Unions locales et régionales pourront éventuellement servir d'organisme de liaison entre les organismes centraux, les Fédérations régionales et les Sociétés.*

Aucune objection ne peut être faite, il nous semble, à ce paragraphe. L'expérience démontra quels services peuvent être rendus par les Unions d'achats, soit à la F. N. C. C. soit au M. D. G.

6° *Les Unions locales ne devront admettre dans leur sein que des Sociétés affiliées à la Fédération nationale; elles devraient elles-mêmes être adhérentes à la F. N. C. C. et au M. D. G.*

Ce paragraphe ne doit non plus soulever aucune difficulté ; il ne viendrait, en effet, à l'idée de personne qu'une Société sans lien avec l'ensemble de la Coopération puisse bénéficier des avantages des Unions fédérales.

RIBEYROL. — Deux principes sont en jeu dans cette grave question de l'avenir de la Coopération française, je dirais même de la coopération internationale par voie de conséquence: question de centralisation et question de régionalisme.

C'est notre camarade Garbado, du Magasin de Gros, c'est-à-dire l'instrument de la centralisation qui est venu soutenir ici un principe régionaliste que je trouve excessif. ; c'est moi, représentant de la province, par conséquent de la région, qui me substitue en quelque sorte à lui pour soutenir le principe de la centralisation.

C'est là une contradiction qui se présente quelquefois dans la vie, elle se renouvellera, j'en suis certain.

Comment! nous avons tous dit et redit depuis deux jours ici, à chaque séance du Congrès, à chaque intervention de chaque orateur dans chaque sens, que ce qui a fait la force du capitalisme, c'est la concentration des capitaux et la concentration des industries ; que ce qui doit faire la force de la Coopération, c'est la concentration coopérative des ressources et la centralisation des services et organes administratifs de la Coopération.

Et voici que, par une singulière contradiction que je ne m'explique pas, notre camarade Garbado vient soutenir un projet de décentralisation étrange et d'émiettement des forces d'achat de la Coopération française. C'est un projet auquel personnellement je ne puis souscrire et je vais vous dire pourquoi aussi rapidement que possible.

Y a-t-il des avantages à la création d'une Fédération nationale d'achats ? Cela n'est pas douteux.

Vous vous rappelez qu'hier, on disait au Magasin de Gros : « Nous vous écrivons, vous ne nous répondez pas ». Et je me doute qu'il s'est dit : « Je ne peux pourtant pas répondre à 10, 20, 30, 40, 50 Coopératives qui me demandent toutes le même renseignement. Si, au lieu de 50 Coopératives dans une même région, j'avais à faire à une Union ou à une Fédération, je n'aurais plus qu'une seule réponse à faire et ce serait beaucoup mieux. » (*Rires.*)

C'est un avantage administratif que je ne nie pas.

Il y a un avantage économique, c'est de permettre à une Société dans une région d'acheter les produits de cette région à des conditions beaucoup plus avantageuses que si les produits allaient au Magasin de Gros ou à l'entrepôt pour revenir ensuite, majorés des frais généraux et communs.

C'est une affaire entendue. Mais il reste à savoir s'il n'y a pas un autre procédé tout aussi expéditif et tout aussi certain de réaliser cette économie que le procédé qu'il préconise.

Je vois aussi un troisième avantage. C'est que peut-être notre camarade peut se dire que le travail de concentration qui va s'opérer, le travail de Fédération qui va se faire pendant la guerre entre les diverses Sociétés sous forme d'Unions régionales d'achats, préparera dans d'excellentes conditions la fusion des Sociétés qui se trouvaient dispersées. Je ne nie pas encore cet avantage.

Mais ces avantages ne sont pas spécifiquement propres à la solution que nous propose notre camarade Garbado, et, par contre, j'y vois des inconvénients assez sérieux.

Le gros inconvénient, à mon sens, c'est de créer je ne sais quelle opposition entre la personnalité du Magasin de Gros et la personnalité des Coopératives constituées sous forme de Fédérations.

Il ne peut pas plus y avoir opposition entre une Coopérative et un groupe de Coopératives et le Magasin de Gros qu'il n'y a opposition entre les coopérateurs et la Coopérative elle-même. Le Magasin de Gros, c'est nous, comme la Coopérative, c'est nous. Nos intérêts ne peuvent pas et ne doivent pas se trouver en opposition. Et s'il en était ainsi, c'est que l'organisation serait vicieuse et qu'il faudrait tout simplement la transformer.

Cette opposition, qui ne peut pas exister, n'allez pas la créer! Et vous l'avez prévu, lorsque vous créez ces Fédérations régionales d'achats et quand vous leur dites de se constituer des capitaux. Je vous pose la question, Garbado, et je vous demande si une grande firme commerciale, Potin, par exemple, ou toute autre firme, prenons-la dans les produits alimentaires, va admettre, va envisager même la possibilité que, dans les diverses régions de la France, il se constitue, dans l'intérieur de sa firme, des sortes de sous-firmes, permettez-moi cette expression, qui vont créer des exploitations commerciales, à l'intérieur de la firme centrale et en dehors du contrôle et de la force de cette firme.

Et alors, de deux choses l'une: Si vous voulez, selon la formule que vous préconisez ici depuis l'ouverture de ce Congrès, si vous voulez que la Coopération, se modelant sur les faits, s'adaptant aux circonstances, empruntant la méthode capitaliste, ce qui lui a permis d'arriver aux magnifiques résultats que vous connaissez, magnifiques pour eux, bien tristes hélas! pour nous; si vous le voulez, il faut aller jusqu'au bout. Il faut que le Magasin de Gros soit l'unique firme de la Coopération française (*Applaudissements*), et que toutes les autres organisations régionales soient des succursales du Magasin de Gros.

Hors de là, il n'y a pas de vérité coopérative.

Vous constituez une Union régionale d'achats. Que va-t-il se passer ? Cette Union régionale d'achats va faire les achats dans sa région, c'est entendu. Elle va faire ses propres affaires. Elle ne s'adressera au Magasin de Gros que pour les articles où celui-ci aura été exceptionnellement bien placé, et, comme elle sera peut-être très forte, savez-vous ce qui arrivera ? Elle travaillera avec le Magasin de Gros pour les marchandises les meilleures, celles qu'il aura pu obtenir à meilleur compte et elle laissera aux autres Sociétés les marchandises pour lesquelles le Magasin de Gros aura été beaucoup moins heureux.

Voilà une conséquence possible. Il y en a une autre. J'ai souvent entendu les Coopératives isolées tenir ce langage: « Dites-moi, nous vous ferons profiter de nos bons achats et vous nous ferez profiter des vôtres. » C'est entendu, le marché est conclu. Et voilà par exemple, une Fédération régionale qui a un excellent marché à passer : des haricots, si vous voulez. Elle va faire son calcul : « Il me faut 30.000 kilos de haricots dans ma région ». Pour être agréable à l'Union régionale de la Gironde, sa voisine, elle va lui écrire : « Nous aurons 15.000 kilos de disponibles dans d'excellentes conditions. Est-ce que vous voudrez les prendre. A charge de revanche. »

Et l'Union régionale de la Gironde lui dira, à un autre moment : « J'ai des vins très avantageux, 500 barriques; il ne nous en faut que 300, voulez-vous les autres? A charge de revanche. »

Et alors, chose plus grave, vont naître des relations commerciales, non seulement entre les Fédérations régionales d'achats, mais encore avec les régions voisines. Et dans tout ceci, le rôle du Magasin de Gros disparaît ; on lui arrache, on lui enlève une grande partie de sa puissance d'achat pour lui réserver l'exclusivité d'achat sur un certain nombre d'articles, comme le café, par exemple.

Mais ce n'est pas tout. Vous avez lu un article de notre camarade Daudé-Bancel qui signalait le fait suivant : Une Coopérative s'est trouvée en présence d'un marché de confitures assez considérable.

DAUDÉ-BANCEL. — Dans le Vaucluse, 50.000 kilos.

RIBEYROL. — Et c'est ici que j'appelle votre attention. Voici une Coopérative, une Union de Coopératives, une Société régionale d'achats qui se trouve en présence d'un marché de 50.000 kilos de confitures. Elle dit : « C'est beaucoup, nous ne pouvons absorber que 5.000 kilos. » Elle demandera volontiers à une Fédération voisine si elle peut absorber 4, 5 ou 8.000 kilos de plus. On prendra de plus en plus l'habitude de faire des affaires entre soi.

Et alors de deux choses l'une : ou bien on ne traitera pas le marché et il disparaîtra, il sera perdu; ou bien ce marché ne sera pas traité en entier parce que les Unions de Coopératives n'auront pas une force d'absorption suffisante.

Et j'ajoute même, Garbado, que vos Unions régionales d'achats ne représenteront pas, quoi que vous en disiez, une surface financière suffisante pour réaliser des marchés importants, et lorsque vous venez nous dire que vous allez les doter, que vous les encouragez à se doter de ressources financières, je vous demande si vous faites une centralisation utile au point de vue coopératif et si les disponibilités financières des Coopératives et des Fédérations régionales et des Unions régionales d'achats ne seraient pas mieux placées au Magasin de Gros.

Il est beaucoup plus facile de se substituer à des Fédérations régionales et à des Unions régionales d'achats qui n'existent pas que de se substituer à des Unions régionales d'achats qui existent, qui ont un cadre, du personnel, et qui ont aussi, il faut bien le dire, l'habitude de réaliser des bénéfices qui leur ont permis d'étendre leur action, d'avoir une personnalité.

Le plus sage est d'en éviter la formation. Quelle est alors la situation que l'on pourrait proposer.

Nous sommes obligés, par la force des circonstances, sous la pression des faits, de nous adapter à des conditions nouvelles d'existence, d'achat et de ravitaillement. Nous allons avoir dans chaque département des Offices départementaux qui se chargeront de la répartition et nous aurons un correspondant coopérateur ayant la confiance des coopérateurs et désigné par une Fédération nationale. Ce correspondant pourrait jouer non le rôle consultatif que vous lui demandiez tout à l'heure, Garbado, mais le rôle de sous-agent du Magasin de Gros. Il serait au courant de tous les marchés et il les passerait, à la fois au nom du Magasin de Gros et au nom des organisations régionales instituées pour le ravitaillement.

Où voyez-vous que, dans cette combinaison, les Coopératives pourraient être lésées de quelque façon que ce soit dans leurs intérêts ?

Je prends un exemple, ce sera le seul.

Supposez — je parle de vins, parce que je suis d'un pays de vin — que notre région ait acheté des vins et qu'elle ait sur un marché une disponibilité de 10.000 tonneaux de vin d'un certain prix. Les Coopératives de la région voudraient bien en acheter 500 ou 1.000. Il en reste 9.000. Eh bien, c'est le sous-agent du Magasin de Gros qui aura qualité, à la fois pour acheter les 1.000 tonneaux au nom des Coopératives de la région, sans leur faire payer à celles-là aucune majoration — et ce serait le bénéfice qu'elles retireraient de la combinaison — et pour acheter les 9.000 autres tonneaux qui iraient au Magasin de Gros et seraient entreposés pour être livrés à la consommation des Coopératives.

Il y aurait là encore un avantage économique que nous signalions tout à l'heure : c'est la possibilité pour les Coopératives de chaque région d'acheter les produits dans les meilleures conditions possibles sur place par l'intermédiaire du Magasin de Gros qui ne prélèverait aucune commission.

Et enfin il y aurait un troisième avantage, celui de préparer la fusion. Comment ! voilà des Société qui auraient fait l'apprentissage de l'Union, de la Coopération centralisée, mais il est incontestable que, très facilement, elles accepteraient ensuite d'agglomérer leurs Coopératives propres à la Fédération régionale ou à l'Union régionale et de faire ainsi dans la région une véritable maison à succursales multiples.

Je lui demande surtout de réserver l'avenir.

Nous sommes en guerre. Elle dure depuis plus de 4 ans, elle va peut-être durer une cinquième année, hélas! mais enfin, elle ne durera pas toujours. Il faut bien prévoir qu'elle finira et je demande au Congrès d'attendre que la guerre soit finie et de se garder, par prudence et dans l'intérêt même du mouvement coopératif que nous avons tous à cœur de faire aboutir et de porter aussi haut que possible, d'engager la Coopération dans des cadres rigides. Je lui demande de sauvegarder l'avenir et de ne pas aggraver le présent, de ne pas ajouter à l'article 7 des charges nouvelles.

Camarades, je vous demande de vous en tenir purement et simplement à l'article 7 et d'entrevoir dès maintenant la nécessité de le modifier pour réorganiser la Coopération sur des bases qui feront véritablement, comme nous le disions tout à l'heure, de la Coopération française, une grande firme à succursales multiples et non pas à caricature de succursales multiples.

LE PRÉSIDENT. — La parole est à Guyot.

GUYOT. — Camarades, j'essaierai pour mon compte, si cela est possible, de dissiper l'effet un peu trop pessimiste, je crois, qui vient de nous être fait de l'exposé de notre camarade Garbado.

Tout de suite, je tiens à dire que nous sommes en face d'une situation de fait et non d'une situation à créer.

Il n'est pas question en ce moment de créer, ni même d'inviter nos régions à créer de continuelles Unions d'achats, mais nous sommes obligés de constater que, dans la situation particulière que nous avons traversée depuis la guerre, il est incontestable que le Magasin de Gros n'a pu être à la hauteur de sa tâche au point de vue du ravitaillement.

De là, camarades, nécessité absolue pour les régions qui se sont trouvées à même de passer des marchés de se constituer en Unions d'achats pour leurs propres besoins et dans l'intérêt même des consommateurs.

Or, dès ce moment, qu'avons-nous à envisager ? La possibilité d'établir au contraire entre ces Unions d'achats et le Magasin de Gros, des liens tels que, demain, elles deviennent, non plus des Unions d'achats, mais, par la centralisation et le mouvement qui se produit, le Magasin de Gros en général.

Voilà en quelque sorte sur quels points nous pouvons tabler.

Supposez que, dans une région, il y ait un important marché de haricots ou de vins à passer, croyez-vous que le Magasin de Gros verrait d'un mauvais œil une Union d'achats ou une Fédération conclure ces marchés ? Mais pas du tout. Au contraire, on demande, et tout à l'heure Garbado vous l'expliquait assez clairement, on demande justement que les rapports entre les Unions d'achats et le Magasin de Gros soient tels qu'il y ait toujours un délégué à même de se trouver en contact constant et direct avec les Unions d'achats. Dès qu'une Société aura un marché à traiter, il y aura intérêt pour le Magasin de Gros à se mettre immédiatement en relation avec cette Union d'achats, à se rendre sur place, et, en 24 heures, l'affaire peut être conclue.

Le Président. — La parole est à Poisson.

Poisson. — Je veux tout de suite répondre à notre camarade Ribeyrol.

C'est peut-être un défaut, mais j'estime que, dans notre mouvement, nous devons avoir une sorte de religion des faits. En vous écoutant, Ribeyrol, je croyais entendre ce que je désire, mais entre le désir et la réalité, il y a un immense abîme.

Or, quels sont les faits à l'heure actuelle.

Il y a en France, non pas à constituer, à créer, mais constituées déjà et déjà créées, des organisations d'achats en commun entre les organisations locales et les organisations régionales.

Ne croyez pas que c'est par une décision de Congrès que vous éliminerez et que vous supprimerez les organisations existantes ; ne croyez pas que c'est par une décision de Congrès que vous allez empêcher la création d'organismes nouveaux, au moment même où vous venez de voir se constituer en principe les Offices départementaux qui vont amener inévitablement une réunion et une association par département de toutes nos Coopératives.

Est-ce un bien, est-ce un mal ?

Oh! camarades, c'est toujours la grande discussion coopérative entre le fédéralisme et le centralisme. Elle existe depuis 20 ans, elle est aussi vieille que le mouvement. Pour ma part, je n'ai jamais voulu prendre parti sur des mots. La vérité, c'est que je trouve que le développement de l'organisation centrale est étroitement lié au développement des organisations régionales ou locales, et je vois, à l'inverse, qu'il n'y a pas d'organisations locales, ni régionales, qui puissent, véritablement, remplir utilement leur rôle sans une étroite collaboration avec l'organisation centrale.

La solution varie avec le temps et aussi dans l'espace. A l'heure actuelle, nous sommes dans une situation qui fait que le Magasin de Gros, en raison de la guerre, des difficultés de transport, est, je ne dis pas dans l'impossibilité pratique, mais dans l'impossibilité de fait de faire face à tous les besoins des Sociétés ; et alors, sous prétexte d'une autre solution, celle-ci centraliste, est-ce que vous allez le laisser dans la même situation? Allez-vous le laisser dans l'impossibilité de faire face aux besoins des Sociétés, allez-vous laisser les Sociétés s'adresser au commerce local, aux négociants en gros qui vont leur faire des offres?

Je dis que nous n'avons pas à avoir peur de tout ce qui mène, de bas en haut, à l'association de plus en plus organisée des Coopératives.

Je sais que, pendant un temps, dans notre mouvement, on a, à mon avis, un peu trop présenté sous une forme brutale le rôle centraliste du mouvement coopératif. Je pense que le Magasin de Gros aura d'autant plus de force qu'il s'appuiera sur des organisations régionales sérieuses et solides.

Ah! sans doute, il y a des garanties à prendre. De même que l'organisme central pourrait, à notre avis, apparaître comme désirant ne pas voir les difficultés pour se développer plus vite, comme il pourrait paraître vouloir seulement des poussières de Sociétés, permettez-moi de vous dire que vous devriez craindre à un titre bien plus grand les Sociétés de fusion et de développement, car les Sociétés de fusion et de développement, ce sont des forces puissantes que le Magasin de Gros va trouver en face de lui, qui vont avoir des facilités d'achat, des possibilités de commandes que n'ont pas les petites Sociétés qui font des chiffres d'affaires dérisoires.

Nos camarades du Magasin de Gros, avec plus d'intelligence et de perspicacité, et les paroles de Garbado à cette tribune le prouvent, vous disent : « Non, nous n'avons pas à craindre les Sociétés de développement, nous n'avons pas à craindre les Unions régionales et fédérales. Il ne suffit pas d'être empereur devant des millions de sujets qui n'ont aucune force réelle, il s'agit d'être à la tête du mouvement, au centre du mouvement qui représente des forces puissantes. J'aime mieux que le Magasin de Gros ait en face de lui 20 Sociétés de fusion et 10 Unions régionales faisant 30 ou 40 millions d'affaires, que 150 petites Sociétés faisant à peine 1 million. »

Sans doute, le Magasin de Gros y trouvera des avantages, de petits avantages que Ribeyrol, avec beaucoup d'humour, a signalés. Je ne doute pas que le Magasin de Gros ne trouve plus de facilités pour organiser ses services, mais permettez-moi de vous dire que si, vraiment, Garbado n'était guidé que par cela, ce ne serait vraiment qu'un petit côté de la question. Non, le problème est plus grand, plus vaste. Il faut tenir compte de la constitution d'organismes qui existent. Il s'agit seulement de garantir les intérêts du Magasin de Gros.

Quelles sont les garanties que nous demandons dans la résolution que nous vous proposons aujourd'hui et qui fait abandon du centralisme au profit du régionalisme?

C'est une résolution qui tient compte des faits, qui essaie, comme l'a dit Garbado, non pas de canaliser, mais de prendre la tête du mouvement et dit : « Nous allons avoir des Unions de Sociétés locales et régionales. Nous voulons des garanties pour le Magasin de Gros. Nous voulons qu'il y ait, à titre consultatif, dans chacune des organisations, un membre de l'organisation centrale ou son délégué, parce que c'est la véritable garantie que, quand on passera des marchés, le Magasin de Gros en sera informé, et qu'il pourra, par conséquent, vous mettre devant des faits.

Et ne dites pas que vous ne voulez pas acheter au Magasin de Gros. Vous serez obligé d'y acheter, parce qu'il sera mieux placé que vous.

Voilà la véritable garantie au point de vue moral.

Il y en a une autre que nous devons exiger : c'est que toutes les Unions départementales ou régionales soient composées exclusivement de Sociétés adhérentes à notre Fédération nationale et sociétaires du Magasin de Gros.

S'il n'en était pas ainsi, nous risquerions évidemment que des Sociétés en dehors de notre mouvement, comme ces pseudo-coopératives dont parlaient ce matin quelques camarades, n'influent sur chacune des organisation départementales ou régionales pour les rejeter loin du Magasin de Gros et loin du mouvement fédéral et national.

Il faut donc que ces deux garanties soient la véritable formule d'action. C'est celle que vous propose Garbado. Ce n'est pas une formule qui nie les faits, qui apparaît désirable, mais qui n'est pas réalisable, c'est une formule qui tient compte de ce qu'elle trouve devant elle, qui essaie justement d'orienter ce qui existe déjà pour fortifier, dans le développement même des organisations régionales, le Magasin de Gros.

Celui-ci n'a pas pour but unique, il n'a même pas pour but principal, d'être une organisation commerciale de ravitaillement, mais il a surtout pour but, dans notre pensée, d'être demain l'organisme qui, comme en Angleterre, créera des services de production, servira d'organe pour les marchés qui n'ont pas de caractère au point de vue de la production régionale, mais qui ont un caractère national, et pour les importations.

Voilà le grand rôle du Magasin de Gros. Cela n'empêche pas son rôle commercial. Mais n'oublions pas que le rôle commercial du Magasin de Gros n'est pas son unique but, ni même le principal. Dans un Magasin de Gros puissant, ce ne devrait être que l'accessoire. Mais cet accessoire est utile, il tient une grande place. Et disons-nous bien que dans l'intérêt du M. D. G., il ne faut pas envisager certaines formules qui sont désirables, mais une formule qui corresponde à la réalité des faits. (*Applaudissements.*)

Le Président. — La parole est à Sutter.

Sutter. — La question des Unions départementales et des Fédérations régionales et la question des Sociétés de fusion à succursales multiples peuvent à un certain moment être reliées, parce que le seul but, le seul côté pratique à l'heure actuelle, pour les Fédérations régionales, c'est justement d'arriver à faire des Sociétés de fusion puissantes. Mais il ne faut pas profiter de cette occasion pour donner un statut qui consacrerait l'existence d'un organisme qui peut, par la suite, donner de mauvais résultats.

Quand j'ai fait les Congrès départementaux dans notre Fédération régionale, nous avons, en tenant compte des faits, demandé aux Coopératives de chaque département de former une Union départementale, parce que nous savons très bien qu'il existe à l'heure actuelle une situation de fait avec laquelle il faut compter : la questions des transports et des approvisionnements, et nous comprenons que le Magasin de Gros ne peut pas aller dans tous les départements à cause de ces difficultés.

Mais est-ce une raison pour consacrer l'éparpillement des forces et changer les statuts de la Fédération nationale, et pour dire que ces Unions départementales ou ces Fédérations régionales vont recevoir un statut qui leur donnera droit de vie, en dehors de la voie que nous leur avions tracée?

J'estime que nous ne devons pas engager l'avenir sur quelque chose de temporaire. L'état de guerre disparaîtra, et avec lui, ses conséquences, et nous ne devons pas engager l'après-guerre. Nous ne savons pas ce qui se produira à ce moment-là.

Par conséquent, je viens demander que le Congrès n'adopte pas la motion qui lui est présentée, parce qu'il y a dans cette motion un statut qui est la consécration officielle par un Congrès de choses que nous ne pouvons pas prévoir.

Le Magasin de Gros n'a pas le même rôle que l'Union des Coopératives à Paris. Il ne dessert pas les petites Sociétés. Il ne joue pas le rôle de distributeur et de répartiteur dans les succursales. Il doit concentrer les marchandises dans ses entrepôts.

C'est pourquoi nous demandons qu'il reste seul maître du marché des achats. Tout à l'heure, on vous citait le cas des haricots des Basses-Pyrénées. Il est typique parce que cela vous donne une idée de ce qui se passera plus tard.

On a dit que les Basses-Pyrénées avaient eu une surproduction de haricots, et je suis certain que notre camarade Poitrenaud a déjà reçu la visite de plusieurs délégués qui lui ont demandé des haricots.

C'est tout naturel, mais il faut éviter que ces faits puissent se reproduire. C'est ce qui arriverait certainement si vous consacriez les Unions départementales et si vous empêchez le Magasin de Gros d'être le réceptionnaire naturel de toutes les surproductions qui peuvent se produire.

Dans le cas présent, il aurait été juste que la Fédération des Basses-Pyrénées retienne pour sa région la quantité qui lui aurait été nécessaire, mais tout l'excédent aurait été dans les entrepôts du Magasin de Gros.

Cela devrait être ainsi si toutes les Coopératives comprenaient leur rôle, mais si vous laissez les Unions d'achats agir individuellement, les faits que nous avons signalés se reproduiront inévitablement, et le Magasin de Gros verra son rôle lui échapper.

Le Président. — La parole est à Garbado.

Garbado. — Camarades, il semble, à première vue, qu'il y ait une véritable contradiction, et que ceux que vous avez chargés de diriger les organismes centraux n'aient pas compris le véritable intérêt du Magasin de Gros et que ce soient les Sociétés qui tracent la ligne de conduite.

Je crois que cette contradiction n'est qu'apparente, mais Ribeyrol et Sutter ont eu parfaitement raison de parler comme ils l'ont fait, je dirai même qu'ils en avaient le devoir.

Les camarades de la région bordelaise ont pensé qu'il était facile pour les autres de faire ce qu'ils ont fait eux-mêmes. Mais si l'on peut prendre un engagement pour soi, il est par contre téméraire de le faire pour les autres.

Ribeyrol nous dit : « Comment! vous êtes les représentants du Magasin de Gros, et vous incitez les Sociétés coopératives à organiser des groupements d'achats qui vont être demain des concurrents du Magasin de Gros, et qui l'oublieront ».

Je dois dire tout de suite qu'ils n'ont pas attendu ce moment-là pour l'oublier. Et notre camarade ajoute: « Ces organismes vont être un danger pour le Magasin de Gros ».

Mais il oublie ce qu'a dit Poisson : c'est que 40 fonctionnent déjà et que 20 sont en formation, et nous n'avons pas à nous occuper s'ils vont ou non exister, mais s'ils vont exister en dehors et peut-être contre le Magasin de Gros.

RIBEYROL. — Je ne vous ai pas demandé de les interdire, j'ai dit que vous les encouragiez.

GARBADO. — Excusez-moi si je vous ai prêté une opinion qui n'est pas la vôtre, mais vous avez fait exactement la même chose pour moi. (Rires.) Je vous affirme que je ne l'ai pas fait exprès.

Constatant la création de ces Sociétés, constatant plus — parce que vous me rendrez peut-être cette justice que je suis à mille lieues d'un théoricien, je suis celui qui voit les difficultés sur la route parce qu'il tire lui-même la voiture, — j'ai envisagé les Sociétés d'achats, je n'ai pas été effrayé de leur force d'achat, mais j'ai été effrayé de leur indépendance vis-à-vis de l'organisme central. Elles achètent sans rien demander au Magasin de Gros, et ce ne sont pas seulement les organismes d'achats, mais les Sociétés elles-mêmes.

A l'heure qu'il est, je pense que nous n'avons pas besoin de dire aux Sociétés: « Vous avez votre liberté vis-à-vis du Magasin de Gros ». Les Sociétés ont maintenant leur façon de faire, leur mentalité, que nous les invitons à changer, mais nous n'y pouvons rien de plus.

Poitrenaud nous dit: « Comment! vous constatez cela, et tout ce que vous demandez aux Sociétés, c'est de ne pas se constituer comme elles l'ont fait jusqu'à présent, sans ordre et sans méthode, sans autorisation et sans contrôle. Vous leur demandez simplement qu'elles aient l'autorisation et le contrôle de la Fédération nationale, qu'elles aient un représentant du Conseil central dans leur Société, qu'elles travaillent en collaboration avec le Magasin de Gros, c'est-à-dire qu'elles-organisent leurs entrepôts, non pas seulement avec le contrôle des organismes centraux, mais avec les capitaux du Magasin de Gros, avec son personnel, avec ses services commerciaux. Vous leur demandez encore de s'engager à prendre, en dehors de toutes autres, les fabrications des usines du Magasin de Gros et de lui donner leur force d'achat absolue, totale, pour les articles que désignera chaque année le Congrès. Vous ne leur demandez que cela! Eh bien, moi, qui ne suis pas l'organisme central, qui n'ai pas la charge de le diriger, je suis plus large. Je vous donne non seulement toute la force d'achat dont disposent les Sociétés, mais je vous demande de faire aujourd'hui ce qui pourrait se faire demain: grouper toute la Coopération autour du Magasin de Gros.

Ah, si cela pouvait se faire et si vous étiez disposé à adopter une pareille proposition, je vous assure qu'il n'y aurait pas d'homme plus heureux que le directeur du Magasin de Gros.

LE PRÉSIDENT. — Je ne suis, à l'heure actuelle saisi que d'une seule proposition; celle que vient de vous lire Garbado. Je vais la mettre aux voix.

RIBEYROL. — Il y a un amendement. Je demande la permission de le lire au Congrès.

Je demande la substitution d'un alinéa à un autre. Voici l'alinéa de la résolution :

« Si certains de ces organismes..... »

Je demande que le Congrès substitue à cet alinéa celui que je vais lire et qui réserve l'avenir :

« Quant aux organismes d'achats en commun, Unions et Fédérations, ils ne peuvent avoir qu'un caractère provisoire, et, les hostilités terminées, ils devront se transformer, d'accord avec le Magasin de Gros, et conformément aux décisions du premier Congrès qui s'ouvrira à la signature de la paix. »

LE PRÉSIDENT. — Voilà la solution que je propose : Garbado et Ribeyrol vont établir un texte qui ne différera du texte proposé que très peu et sur ce point seulement. (*Approbation.*)

Nous passons à la question des capitaux.

L'utilisation des capitaux

Je donne la parole à Gaston Lévy, rapporteur de cette Commission. -

GASTON LÉVY. — Camarades, j'espère ne vous tenir que le temps minimum qui doit être laissé à nos camarades pour revoir leur proposition.

Mais, néanmoins, comme la question maintenant en discussion a une importance considérable, et comme, à un autre moment, la Coopération s'est prononcée contre certaines des propositions qui vous sont faites, il est cependant bon d'attirer l'attention du Congrès sur ces modifications.

Vous avez tous entre les mains la résolution ci-dessous qui est présentée par le Conseil central:

Pourquoi et comment les Coopératives doivent se procurer des capitaux

« Les Coopératives, chaque jour, ont besoin de capitaux plus importants.

« Les frais d'installation d'une répartition coopérative, avant la guerre, se montaient à peine à quelques milliers de francs. Aujourd'hui, pour la même organisation, il faut plusieurs dizaines de mille francs dans les grands centres, sans compter la nécessité absolue de gérer les Coopératives en suivant une technique commerciale de plus en plus perfectionnée, mais nécessitant une organisation plus coûteuse.

« Les fonds de roulement indispensables à une organisation coopérative croissent proportionnellement à la hausse des prix, qui ont plus que doublé pendant la guerre. La pratique du paiement au comptant, quand ce n'est pas le paiement par avance, aggravée par la lenteur des transports, rend impossible l'ancienne pratique de la Coopération reposant sur le crédit. Les difficultés de ravitaillement rendent nécessaire la constitution de stocks importants si la Coopération veut être bien placée sur le marché. Enfin, la Coopérative se développant doit de plus en plus entreprendre simultanément plusieurs branches et, dans chaque branche, avoir une variété infinie de produits si elle veut réaliser son programme intégral.

« Enfin, dans la même voie, les services de production nécessitent des capitaux de plus en plus considérables, et ce qui est vrai pour chaque Société coopérative en particulier l'est encore davantage pour les Unions de Sociétés, les Fédérations régionales et surtout pour l'organisme central, la Coopérative des Coopératives, le Magasin de Gros.

« Il faut donc que les Coopératives trouvent au plus tôt une aisance financière, faute de laquelle elles piétineront sur place, si même elles peuvent vivre.

« La capacité d'absorption des capitaux par les Coopératives de consommation est infinie si elles veulent travailler à la complète réalisation de leur idéal.

« Quelles sont les sources où elles pourront se procurer les sommes nécessaires à leur organisation, leur fonctionnement, leur développement? Il faut en trouver beaucoup et les utiliser toutes à la fois si possible.

« Le capital social des Coopératives est formé par des actions de trop peu d'importance dont un dixième seulement est généralement versé ; il importe que par tous les moyens en son pouvoir la Coopération porte son capital au maximum; il faut donc qu'elle renonce à vivre comme jadis et, pour cela, il faut que nos Sociétés considèrent l'action de 100 francs comme indispensable, d'autant plus que le paiement du dixième, c'est-à-dire 10 francs, est seul exigé et que cela ne peut pas être une entrave au recrutement.

« Mais cela est très insuffisant encore. Il faut que les Coopératives n'hésitent pas à demander à leurs sociétaires de souscrire plusieurs actions, à la condition qu'elles ne donnent au sociétaire qu'une voix à l'Assemblée générale, quel que soit le nombre de ses actions. Et, pour obtenir des souscriptions qu'elles ne recueilleraient pas autrement, les Coopératives doivent payer à leurs actions un intérêt qui variera avec le loyer normal de l'argent.

« Cela vaudra beaucoup mieux de canaliser ainsi l'épargne ouvrière vers les organisations coopératives et à leur profit, cela évitera les emprunts toujours onéreux auprès de particuliers, souvent dangereux, d'autant plus que parfois ils sont faits auprès des fournisseurs. La Coopération a, dans tous les cas, une situation financière très chargée. En outre, il faut pouvoir éviter les caisses de dépôts à vue ou à court terme qui, pour avoir été utiles, sont d'une pratique financière hasardeuse, car les fonds recueillis sont difficilement employés à des opérations de roulement de fonds seules admissibles; elles peuvent être seulement pratiquées sans danger par une organisation coopérative ayant un important rayon d'action portant sur toute la France, ce qui équilibre les risques et les fluctuations.

« Le M. D. G., placé seul dans ces conditions, pourrait d'autant mieux utiliser les capitaux d'épargne que les Sociétés les canaliseraient par l'organisation de caisses similaires du compte de dépôt du M. D. G. et qu'elles pourraient ainsi obtenir elles-mêmes des facilités de crédit que le M. D. G. devrait leur consentir.

« Enfin, les Coopératives ne doivent pas hésiter à demander des capitaux aux forces sociales qui peuvent être appelées à encourager le développement du mouvement, mais il faut que ces fonds soient prêtés pour un temps assez long.

« C'est ainsi que l'aide des municipalités, des départements, de l'Etat: en un mot des Pouvoirs publics, doit être particulièrement recherchée; des efforts ont été faits en ce sens par les Ministères du Travail, de l'Armement, du Ravitaillement à la suite de l'action de la Fédération nationale; ils doivent être renouvelés et les sommes augmentées. On doit tenter d'obtenir de l'Etat, des départements et des communes, des prêts d'argent au taux même des emprunts effectués par ces institutions.

« C'est dans le même sens que des prêts ou des avances des industriels peuvent être acceptés, à la condition toutefois que les contrats passés laissent la complète autonomie de gestion aux organisations coopératives. L'aide peut être prévue soit sous la forme d'ouverture de crédit, soit sous la forme d'avances pour installation, soit sous la forme de majoration du versement des actions du personnel.

« Enfin, quand la Coopération ne peut trouver en elle-même ou à côté d'elle les ressources indispensables pour son développement, il est intéressant qu'elle puisse participer au fonctionnement d'organisations mi-coopératives, mi-capitalistes, à condition qu'elle ait des garanties suffisantes d'avenir, particulièrement concernant la remise éventuelle de ces œuvres dans un temps donné aux organisations coopératives.

« On pourrait aussi faire appel à des institutions de crédit qui se constitueraient dans le but de servir d'auxiliaires à la Coopération, à condition que ces organismes soient constitués avec l'approbation du Conseil unique de la F. N. et du M. D. G. et dans le but de défendre l'intérêt du consommateur. »

Gaston Lévy. — Cette résolution indique, dans sa première partie, la nécessité pour les Sociétés coopératives de trouver des capitaux pour leur développement.

Je n'aurai pas besoin d'insister outre mesure sur ce point; car tous, autant que nous sommes, représentants de petites ou de grosses Sociétés, nous avons, à ce point de vue, les mêmes préoccupations, sauf, et les cas sont très rares, les Sociétés qui ne sont pas en voie de développement.

Toutes les Sociétés qui, au cours de la guerre, se sont efforcées de développer leurs services, se sont rendu compte des difficultés qu'avait la Coopération à trouver des capitaux.

Par conséquent, je crois qu'il est inutile d'insister sur ce point; capitaux à trouver, plus importants à l'heure actuelle, en raison des frais d'installation plus importants, des frais généraux plus forts, et de la nécessité de pouvoir lutter contre la concurrence commerciale faite à la Coopération, tant par les organismes de gros que par les Sociétés à succursales multiples, et de la transformation des méthodes coopératives, toutes choses qui amènent les Sociétés à rechercher les capitaux nécessaires à leur propre développement.

C'est donc surtout sur le principe de recherche des capitaux qu'il convient d'examiner si la proposition qui vous est faite correspond à l'esprit coopératif.

Parmi les capitaux qu'il faut rechercher, les premiers et les plus sûrs sont ceux que l'on trouve dans le mouvement coopératif et chez les coopérateurs eux-mêmes. Il faut, en effet, de même que le Magasin de Gros, lorsqu'il s'adresse aux Sociétés Coopératives, leur demande de faire un effort pour qu'il puisse faire lui-même un effort analogue et leur donner satisfaction, les coopérateurs fassent un effort pour que la Coopérative puisse leur donner satisfaction.

Par conséquent, c'est la raison pour laquelle, au premier plan, on doit placer comme recherche des capitaux possible, les actions des Sociétés coopératives.

Le premier point est le taux de l'action qui, dans bien des cas, est trop peu important pour qu'on puisse arriver, quel que soit le nombre des sociétaires, à avoir des capitaux de roulement et d'immobilisation en quantité suffisante pour pouvoir faire marcher les services de la Société.

Il y a encore beaucoup de Sociétés coopératives qui ont des actions de 25 francs, sur lesquelles, bien souvent, il n'y a que le dixième de versé, ce qui représente extrêmement peu pour chaque coopérateur, par rapport aux besoins de la Coopérative elle-même et par rapport même aux avantages qu'en retire le coopérateur.

Nous préconisons donc, que, partout où cela est possible — et j'estime en principe que c'est possible partout — les Sociétés coopératives augmentent le taux de leurs actions.

Les circonstances sont favorables en ce moment. Dans tous les milieux, l'argent est devenu beaucoup plus important. Il a perdu beaucoup de sa valeur, car il y en a davantage. C'est ce qui explique que les frais des Sociétés ont augmenté dans une grande proportion.

Donc, actuellement, si on demande à un coopérateur de souscrire une action de 100 francs, cela équivaut à l'action de 25 francs qu'on lui demandait il y a 10 ans. Les dépenses d'installation ont augmenté, mais les capitaux versés par les coopérateurs n'ont pas augmenté, et il s'ensuit qu'il y a dans la balance quelque chose de faussé.

Il faut donc que les actions des Sociétés coopératives soient portées à 100 francs et que le dixième en soit versé immédiatement. Cela donnera aux Sociétés coopératives des capitaux plus forts et leur permettra des immobilisations plus importantes; en conséquence, elles pourront se développer plus aisément.

Un autre point est celui des actions multiples. Il avait été repoussé par les Congrès coopératifs jusqu'à présent parce que la loi de 1867 qui régissait les Sociétés coopératives ne permettait pas que quelqu'un qui possédait plusieurs actions n'ait pas plusieurs voix dans l'assemblée générale.

J'entends bien que, dans les statuts de beaucoup de Sociétés, ce paragraphe figurait, mais il n'avait aucune valeur légale, et on pouvait craindre qu'à un moment donné, on ne puisse opposer la loi aux statuts de la Société.

Aujourd'hui, le statut est transformé. La loi de mai 1917, qui a donné aux Sociétés coopératives un statut légal, — qui peut-être pourra être modifié encore et qui n'est pas l'idéal — a, en tout cas, sur ce point, permis très facilement aux coopérateurs de souscrire plusieurs actions sans risquer d'affaiblir le principe coopératif qui veut que, dans une Société coopérative, ce ne soient pas les capitaux qui aient la prédominance, mais les coopérateurs, quelle que soit l'importance de leurs capitaux, et que les bénéfices soient répartis, non entre les capitaux, mais au profit de la consommation de chacun.

La loi de 1917 indique, en effet, que, pour qu'une Société soit reconnue comme Société coopérative, il faut que, quel que soit le nombre des actions possédées par les sociétaires, chaque sociétaire n'ait droit qu'à une voix dans l'Assemblée-générale, de telle sorte que la multiplicité du nombre des actions chez un sociétaire ne peut maintenant gêner en rien le principe coopératif.

Mais si l'on admet le principe des actions multiples, il faut aussi aboutir pratiquement à la souscription de plusieurs actions, et c'est là que je touche à un point qui a été pendant longtemps assez discuté dans les milieux coopératifs. C'est la question de l'intérêt aux actions.

Il est incontestable que, si on veut se placer au point de vue théorique pur, on devrait repousser le principe de l'intérêt à l'action, parce que les fonds mis à la disposition des Coopératives par les coopérateurs sont faits pour assurer les besoins de la consommation et non pour rapporter de l'argent.

Mais, si cette thèse est parfaitement admissible, tant que l'on ne demande aux coopérateurs qu'un effort extrêmement limité, si on accepte le principe des actions multiples et qu'en pratique, on veuille faire appel aux coopérateurs pour qu'ils souscrivent un nombre d'actions plus considérable, il faut, quelle que soit la bonne volonté du coopérateur, s'il est disposé à sacrifier — ce n'est pas un sacrifice, mais c'est ainsi qu'il l'appelle — 25 ou 100 francs pour souscrire une action sans intérêt, il est beaucoup moins disposé à faire le sacrifice de souscrire 10, 15 ou 20 actions sans intérêt, parce que, quel que soit le désir qu'ont tous les coopérateurs de supprimer le régime capitaliste, il n'en est pas moins vrai que, lorsqu'ils ont quelques économies, ils vont les placer là où elles peuvent leur rapporter.

Donc, pratiquement, on ne peut pas demander aux coopérateurs de verser des souscriptions d'actions sans leur donner en échange un intérêt.

Mais, là où la question doit être étudiée d'une façon complète, c'est que jamais l'intérêt ne doit être en rapport avec les bénéfices réalisés par la Coopérative, mais uniquement avec le taux normal du loyer de l'argent, taux que le coopérateur aurait touché s'il avait placé ses fonds au Crédit Foncier ou sur un titre quelconque.

Il faut donc que l'intérêt à l'action ne soit pas subordonné aux bénéfices réalisés, mais qu'il soit toujours fixe et comparable aux taux normal du loyer de l'argent.

Les adversaires du principe de l'intérêt à l'action me diront : « Mais alors, les consommateurs vont payer aux capitalistes, petits, soit, mais capitalistes tout de même, un intérêt qui sera prélevé sur leur consommation. »

A ceci, je réponds : « Ce n'est pas exact », parce que, si les Sociétés coopératives ne trouvent pas de fonds de ce côté, il faudra qu'elles en trouvent ailleurs. Et comment en trouveront-elles? En empruntant à une banque. Les banques ne sont pas toujours très généreuses, et même quand elles veulent bien consentir des prêts, elles ne le font pas sans intérêt.

En obtenant des fournisseurs du crédit? Depuis la guerre, le crédit est mort, mais, même lorsque le crédit existe, on le paie et même quelquefois très cher, parce que le fournisseur a barre sur la Société tant qu'il n'est pas payé et, malheureusement, dans le passé, nous avons vu des Sociétés crouler à cause même du crédit que leur faisaient certains fournisseurs.

Mais il y a encore un autre cas où le crédit est cher. Dans les périodes où il n'y a pas, comme en ce moment, abondance d'argent, le fournisseur, même le mieux intentionné, est obligé de faire payer le crédit quand il en fait. Et lorsque vous payez comptant, il vous fait un escompte de caisse de 1, 2 ou 3 pour 100 sur le montant des factures.

Que représente alors, multiplié par 3, 6 ou 12, l'intérêt que vous payez au fournisseur !

Quand nous demandons qu'on donne un intérêt aux actions, nous demandons, d'une part, qu'on recherche les capitaux nécessaires chez les coopérateurs eux-mêmes, et, d'autre part, que le bénéfice réalisé sur la consommation retourne aux sociétaires qui, malgré tout, sont plus intéressants que les fournisseurs ou que les banques, et qu'en aucune façon, cet intérêt ne soit onéreux pour la Société, mais je viens, je crois, de vous prouver qu'il est souvent beaucoup plus économique que celui qui consiste à acheter du crédit chez un fournisseur.

Voilà donc, je crois, la question définie, en ce qui concerne deux points importants: multiplicité des actions sans risque pour la Société coopérative; intérêt à l'action sans risque pour le consommateur de payer sur sa consommation un intérêt abusif aux capitalistes, mêmes petits.

Et cependant, hélas, nous ne sommes pas arrivés au bout des capitaux à rechercher, car quelle que soit la bonne volonté qu'apporteront les coopérateurs à souscrire plusieurs actions de 100 francs, même avec intérêt, ce n'est toujours pas dans les capitaux souscrits que nous trouverons des ressources bien grandes.

Il y a évidemment des ressources naturelles, mais c'est surtout dans les Coopératives anciennes: ce sont les ressources que, très sagement, les administrateurs accumulent, en évitant de distribuer aux consommateurs des trop perçus trop importants.

Mais il faut que la Société ayant constitué ses réserves trouve suffisamment dans ces réserves pour développer la Société elle-même, et, malheureusement, souvent nous avons assisté dans le passé et nous assisterons encore, à ce phénomène que ce sont les Sociétés les plus riches et ayant les plus fortes réserves, qui sont quelquefois, je ne dirai pas les plus hostiles, mais les moins disposées à développer considérablement leurs services. Et les Sociétés nouvelles, les Sociétés à grand développement, telles que le mouvement coopératif les fera, ne pourront pas trouver cette source de capitaux avant plusieurs années.

Par conséquent, il faut chercher autre chose. Il y a le procédé qui a été employé par des Sociétés coopératives — je n'hésite pas pour ma part à le condamner — qu'on a appelé les caisses d'économie.

Je considère que c'est un danger pour le mouvement coopératif que de faire appel aux capitaux d'économie constitués par les Sociétés sous forme de caisses d'économie. Le procédé est évidemment très pratique: quand on a besoin d'argent, on s'adresse aux coopérateurs, on leur dit : « Au lieu de porter votre épargne aux banques de dépôt et même aux caisses d'épargne, apportez-le à la Société coopérative, qui vous fera bénéficier d'un intérêt ». Et ce qui est très curieux, c'est que, bien souvent, ceux qui sont opposés au capitalisme, acceptent cette forme. On leur dit : « Nous vous donnerons un intérêt analogue à celui qui est payé par la caisse d'épargne, et supérieur à celui des banques, et vous aurez, par votre épargne accumulée, aidé ainsi à la constitution d'un fonds de roulement nécessaire à la Société ».

Mais comment sont régies ces caisses d'économie? Sont-elles indépendantes de la caisse commerciale? Est-il une seule Société coopérative où l'on ait introduit ce système, qui puisse affirmer que les fonds déposés à cette caisse ont une destination tout à fait différente des fonds des autres caisses de la Société. Et ne croyez-vous pas que l'on puisse craindre qu'en un certain moment, on n'utilise à la fois l'une et l'autre caisse pour le développement de la Société, de telle sorte qu'il se pourrait que la garantie que les coopérateurs croient avoir trouvée en portant leurs économies à la caisse d'économie de la Société, celle de pouvoir retirer leurs fonds à tout moment n'existe pas d'une façon constante, parce qu'il n'y aura pas possibilité à tout moment de mobiliser les capitaux qui ont été versés à cette caisse.

J'ai bien peur que dans les Sociétés où sont constituées des caisses d'économie, on ne fasse pas une distinction bien nette entre l'utilisation des capitaux dans tel sens ou dans tel autre.

On peut indiquer que, parmi les capitaux qu'on a à sa disposition, une partie peut être et doit être immobilisée, et que l'autre partie doit être considérée comme constituant un fonds de roulement, et, par conséquent, mobilisable le plus tôt possible et le plus fréquemment possible.

Mais qu'est-ce que la mobilisation des capitaux possible pour une Société coopérative? Que fait-elle de l'argent des caisses d'économie? Elle achète des marchandises. J'entends bien qu'on peut me dire que la marchandise, c'est de l'argent, puisque la marchandise se vend, mais il n'est pas certain que le jour où on aura besoin d'une forte somme d'argent, on ne sera pas obligé de liquider la marchandise dans de mauvaises conditions. Et par conséquent, là encore, il y a un danger.

Je crois donc que le Congrès serait sage en repoussant le principe des caisses d'économie, mais en indiquant que, pour cela, il ne faudrait pas que l'épargne des coopérateurs change de destination, et que l'argent qui a été amené à la Coopération par les coopérateurs eux-mêmes retourne dans les caisses d'épargne et dans les banques d'où on a eu souvent tant de peine à le faire sortir.

Dans ces conditions, que vous propose la résolution? Elle vous propose — et si notre camarade Ribeyrol était ici, il serait absolument d'accord avec moi — de drainer les capitaux recueillis vers l'organisme central de la Coopération.

Comment et pourquoi? Comment? Par l'organisation dans toutes les succursales des Sociétés coopératives et, dans toutes les Sociétés coopératives, de caisses auxiliaires du Magasin de Gros, qui viendraient ainsi alimenter considérablement les comptes de dépôts à vue et à terme de notre Magasin de Gros.

Mais vous allez me dire: « Est-ce que les objections que vous avez faites contre les caisses d'économie des Sociétés ne valent pas contre le Magasin de Gros? »

Je réponds qu'elles valent beaucoup moins, d'abord parce que le Magasin de Gros a un champ d'action beaucoup plus vaste et beaucoup plus étendu que la Société coopérative la plus puissante qui existe, et que, par conséquent, on ne risque pas que, par suite d'une catastrophe locale, les fonds déposés à la caisse d'économie ne soient réclamés ensemble et ne causent une gêne au Magasin de Gros.

Ensuite, la mobilisation des capitaux au Magasin de Gros est beaucoup plus rapide que dans les Sociétés. A quoi le Magasin de Gros va-t-il utiliser ces capitaux? Il achètera la marchandise et la revendra aux sociétaires. S'il a beaucoup d'argent, il n'est pas obligé de vendre au comptant, et il peut faciliter les affaires des Sociétés en leur permettant d'utiliser un crédit qui, celui-là, est normal et n'entraîne pas une surcharge, comme celui des fournisseurs ordinaires.

Ce crédit est représenté par quoi? Par un effet, par une traite tirée par le Magasin de Gros sur la Société. Cette traite reste dans le portefeuille du Magasin de Gros qui peut ainsi escompter le papier qu'il a tiré sur les Sociétés, et le jour où il y a un afflux de retraits de la caisse des dépôts du Magasin de Gros, immédiatement et sans délai, il peut mobiliser ces capitaux en portant à la Banque de France les traites qu'il a sur les Sociétés, et il peut rentrer immédiatement les capitaux.

Il y a, par conséquent, de ce côté, un avantage certain, et, d'ailleurs, plus nous apporterons d'argent au Magasin de Gros, plus nous serons en droit de lui demander des facilités: facilités d'escompte, de crédit en marchandises et aussi de crédit en espèces pour des immobilisations courtes, pour des besoins immédiats.

Et si le Magasin de Gros ne se contente pas d'être seulement un

Magasin de Gros de denrées alimentaires, mais si, répondant réellement à ce que nous attendons de lui, il se transforme en partie en Banque pour les Sociétés coopératives, il aura complètement réalisé son but.

Mais, et je touche ici encore à un point délicat, nous devons lui demander — il s'y est d'ailleurs conformé, mais il doit s'y conformer davantage encore par la suite — de différencier le plus possible et complètement même, ses services financiers de ses services commerciaux, de façon à ne pas faire — ce que je reprochais tout à l'heure aux Sociétés — de confusion entre la partie commerciale et la partie financière. Il doit y avoir d'un côté l'argent qui sert à acheter les marchandises et de l'autre côté l'argent qu'il prête ou qu'il vend, et il doit toujours garder par devers lui la représentation de ce dernier.

On indique également, dans le rapport, comme ressources à trouver, les capitaux qu'on pourrait obtenir de l'Etat, des départements ou des communes.

Ah, là, camarades, il ne faut pas qu'il y ait de confusion. Quand nous parlons de capitaux à trouver, nous ne parlons pas de subventions à chercher.

La subvention, c'est un don qui est fait, soit par l'Etat, soit par la commune, soit même par un particulier, pour permettre de masquer une mauvaise gestion commerciale semblable à celle que nous avons condamnée ce matin en ce qui concerne la gestion des municipalités. Nous ne sommes pas pour les subventions, sauf lorsqu'il est nécessaire, dans des circonstances tout à fait exceptionnelles, de faire supporter à une Société, en temps de guerre, des amortissements énormes et rapides qu'elle ne pourrait pas faire, parce qu'en période normale, elle aurait eu du temps pour amortir ce qu'on lui demande d'amortir très rapidement.

En dehors de ce point, la subvention n'est pas la recherche des capitaux. Ce que nous demandons, et ce que nous devrons demander à l'Etat, aux départements ou aux communes, c'est de prêter de l'argent aux Sociétés coopératives, à un intérêt normal, au même taux, par exemple, que celui où l'Etat, les départements ou les communes empruntent eux-mêmes.

Et là, nous avons toutes facilités. Nous disons que pour nous développer, il nous faut des capitaux.

Quel est le rôle des Sociétés coopératives? Elles ont un double rôle à remplir: défendre les intérêts des coopérateurs associés, servir d'agents publics pour régulariser les prix et agir dans l'intérêt du consommateur, par conséquent dans l'intérêt général.

Les Coopératives ont le droit de se retourner vers l'organisme général représenté par l'Etat, le département ou la commune et de lui dire: « Pour agir, il faut nous doter de moyens d'action, et parmi ces moyens d'action, il y a les capitaux. Nous vous demandons des capitaux dont nous paierons les intérêts dans les mêmes conditions que nous les paierons à nos propres coopérateurs, s'ils avaient assez d'argent pour nous l'apporter. »

Et ainsi, l'Etat, empruntant lui-même, pourrait faire servir aux Sociétés coopératives une partie des capitaux qu'il emprunte, en leur demandant le même intérêt et les mêmes conditions d'amortissement qu'il réclame ordinairement. Dans ces conditions, l'appel pourrait être beaucoup plus important et nous serions parfaitement forts vis-à-vis de tous en demandant à l'Etat, aux départements ou aux communes de mettre leur force financière au service des consommateurs par l'intermédiaire de la Coopération, comme la Coopération met au service du consommateur et de l'Etat sa force d'organisation au profit du gouvernement et de la consommation.

Voilà donc les points principaux du rapport que nous vous présentons. Je pense qu'il est inutile que je m'appesantisse davantage sur ces différents points, et que tous, ayant compris la nécessité pour les Coopératives de trouver des capitaux, vont admettre les moyens que nous proposons pour donner aux Sociétés coopératives les capitaux dont elles ont besoin pour leur développement. (*Applaudissements.*)

Le Président. — La discussion continue. Je donne la parole à Poitrenaud.

Poitrenaud. — Camarades, je suis très surpris que le Conseil central ait oublié une source de capitaux qui aurait dû lui sauter aux yeux. Ce sont les capitaux qu'à chaque fin d'année, dans la plupart des Coopératives, on ristourne aux associés.

J'estime que vous devriez engager surtout les nouvelles Coopératives qui se créent à abandonner cette idée de ristourne.

C'est d'un intérêt mal compris. Vous cultivez chez le coopérateur un intérêt mesquin, et il y aurait beaucoup plus d'intérêt pour lui à laisser aux Coopératives les quelques dizaines de francs qu'il peut toucher en fin d'année.

Je dis que cette mesure aurait plus d'intérêt pour lui en ce sens qu'avec les capitaux qu'il laisserait, il donnerait à la Société une plus grande puissance d'achat, ce qui lui permettrait d'acheter des marchandises aux meilleures conditions, et les 10 francs qu'il touche en fin d'année se traduiraient par 20, 30, 40 et même 50 francs qu'il toucherait dans le cours de l'année.

On me dira: « Il y a déjà des Coopératives qui ont employé en ristournes la plupart des bénéfices. Il y a même des Sociétés qui ne vendent pas seulement à leurs sociétaires. Elles le font aussi au public. Là, le problème est encore plus difficile, car on ne peut pas admettre que ceux qui ont apporté des fonds soient placés sur le même pied que le public. »

Evidemment, il sera parfois nécessaire de ne pas attribuer toutes les ristournes au fonds de développement, mais il faut chercher à lui en laisser le plus possible.

Il y a aussi un autre avantage que je voudrais signaler. La plupart des petites Coopératives, et celles qui croissent très vite, ont dû constater la grosse difficulté qu'il y a, au point de vue comptabilité, à tenir le compte de chaque coopérateur. Cette difficulté est supprimée du même coup.

A la *Famille Bayonnaise*, nous sommes partis avec 2.100 francs. Aujourd'hui, en conservant les ristournes, nous avons 150.000 fr. de fonds de roulement. Aussi, nous pouvons acheter des marchandises dans des conditions tout à fait avantageuses, et nous en faisons bénéficier les coopérateurs.

Le Président. — La parole est à Suarnel.

Suarnel. — Camarades, je n'aurai que des questions à poser.

Le service des banques, tel qu'il a été établi et tel qu'il a été essayé dans les associations, est trouvé trop difficultueux pour les gérances.

En effet, à chaque opération, il y a 5 ou 6 feuilles à remplir par les gérants et ceux-ci sont, bien souvent, plutôt spécialisés dans la vente des haricots, des vins, etc., que dans les questions bancaires.

N'aurions-nous pas pu établir un triple registre, dont le premier reçu serait remis à la personne qui a fait un versement et le second serait envoyé, soit à la Coopérative, soit directement au Magasin de Gros, avec un bordereau, et alors, le compte banque pourrait établir ses écritures.

N'aurait-on pas pu faire un autre livre à souche, avec des bons à 3 ou 6 mois, avec intérêt, selon la durée du prêt. Ces bons auraient été détachés du livre à souche les talons restant la garantie.

Ce serait beaucoup plus facile pour les gérants, car il ne faut pas oublier que si vous leur donnez trop de travail, ils seront mécontents. Au contraire, s'ils ont peu à faire, ils le feront avec beaucoup plus de plaisir.

C'est pourquoi je crois qu'il faut simplifier le plus possible les formalités à remplir pour recevoir l'argent.

Le Président. — La parole est à Marty.

Marty. — Camarades, tout à l'heure, lorsqu'on a parlé des moyens de trouver des capitaux, on a envisagé comme un procédé commode, celui des relations avec le Magasin de Gros des Coopératives.

En effet, quand les Sociétés veulent se procurer des capitaux, elles éprouvent des difficultés nombreuses pour immobiliser les capitaux qui leur sont fournis. Car, les capitaux étant fournis, d'une façon presque générale dans nos Sociétés, à vue, il arrive que si toutes les demandes de remboursement arrivent en même temps, il est impossible à la Société d'effectuer le remboursement.

Il y a donc lieu de chercher un moyen plus pratique pour les Sociétés.

C'est pour entrer dans cette voie que le Magasin de Gros a été amené à étudier, il y a peu de temps, le moyen de créer des caisses auxiliaires. Nous avons déjà appliqué cette méthode pour notre part et nous avons obtenu des résultats importants, puisque nous avons eu 50.000 francs de versés depuis deux mois environ, dans un seul de nos services où nous avons créé une caisse auxiliaire.

Il est par conséquent possible d'arriver à un résultat.

Un de nos camarades nous signalait justement, à l'occasion de ces dépôts et de leur fonctionnement, un certain nombre de difficultés. Ce n'est pas à un Congrès que nous pouvons discuter de l'utilité ou de la non utilité de telle ou telle pièce. Certaines organisation ont cherché les moyens les plus simples, mais il y a tout de même un minimum.

Lorsqu'un sociétaire vient pour verser sur un livret, on lui fait remplir une feuille la première fois. Il faut que nous connaissions le nom de celui qui doit retirer les fonds. Nous ne pouvons pas recevoir de l'argent de n'importe qui, le rembourser à n'importe qui. Il faut que la personne qui a fait un versement puisse elle-même retirer son argent.

Nous avons donc été amenés à prendre certaines précautions pour l'établissement de la première pièce.

Lorsqu'il s'agit d'un dépôt à terme, ce n'est pas compliqué. Il suffit de remplir un reçu provisoire au papier chimique, de façon à ce que le souscripteur ait entre les mains une pièce constatant son versement et que nous, service central, nous ayions, dans le délai de 24 heures, un duplicata de ce reçu. Nous ne pouvons pas demander moins.

Nous ne voulons pas dire qu'il ne peut pas y avoir de modifications à apporter, mais je vous demande de ne pas laisser discuter ces détails pour le moment. Nous verrons par la suite s'il y a lieu d'apporter des améliorations.

J'indiquais donc tout à l'heure les avantages qu'il y avait pour les Sociétés à s'adresser aux caisses auxiliaires faites avec le concours du Magasin de Gros.

Je veux admettre qu'une association, par ce moyen d'action, puisse arriver à se procurer la somme de 100.000 francs. Quels avantages va-t-elle en retirer?

Nous avons décidé que, jusqu'à concurrence de 80 0/0, la somme qui serait ainsi recueillie pourrait être versée à la Société sous les formes suivantes:

1°. — 65 0/0 au compte courant d'avances du Magasin de Gros, portant un intérêt de 0 0/0 l'an;

2°. — Une somme pouvant aller jusqu'à 15 0/0 pourra être allouée à la Société à titre de prêt, dans le but d'organiser soit des services spéciaux, soit toutes autres choses qui pourraient lui être utiles.

Si vous tenez compte que le seul fait d'attribuer au compte courant du Magasin de Gros 65 0/0 des capitaux qui vont servir exclusivement à vos achats de marchandises, c'est en fait comme si vous aviez reçu ces 65 0/0.

Tous les frais d'organisation, livrets, frais de timbres, frais de toutes sortes, sont payés par la Société.

Par contre, elle a une bonification sur l'importance des versements. Nous avons supposé que si nous achetons des bons du Trésor, nous avons une commission à titre de Banque. Nous opérons avec les Sociétés dans les mêmes conditions.

Nous leur donnons une commission qui varie selon que les versements sont pour une durée courte ou pour une durée longue. Par exemple, pour les dépôts à vue, nous donnons une commission de 0 fr. 30 0/0; pour des versements à 6 mois, nous donnons 0 fr. 40 0/0; à l'an 0 fr. 60 0/0; à deux ans, 1 fr. 20. Voilà donc les commissions touchées par la Société sur les sommes qu'elle recueille.

Nous avons pensé qu'elle pouvait employer 80 0/0 de ces capitaux pour son propre compte, les 20 0/0 restants constituant le fonds de roulement nécessaire pour le remboursement des capitaux conservés par le Magasin de Gros.

Ce dernier a, en effet, l'avantage de conserver toujours des sommes disponibles importantes. A l'heure actuelle, nous avons, en dehors des espèces disponibles, 800.000 francs de titres, de façon à ce que, si la nécessité s'en faisait sentir, nous ayons une somme de 640.000 francs dans le délai de deux heures. C'est vous dire que nous avons la possibilité de faire la mobilisation des capitaux immédiatement, sans toucher aux fonds nécessaires à notre fonctionnement, à l'achat des marchandises et à nos besoins normaux.

Nous avons aussi établi une réserve dans les versements aux Sociétés; car il pourrait se produire qu'une Société puisse avoir des moyens de recueillir des sommes importantes, grâce au fait que les sociétaires sauraient que les sommes sont versées au Magasin de Gros, et que le Magasin de Gros offre des garanties suffisantes.

Admettons une Société qui représenterait un capital de 10.000 fr., et qui, par ce moyen, pourrait arriver à 100.000 francs. Devrons-nous lui avancer 80 0/0?

Non. Il est entendu qu'en toute sagesse il nous faut des garanties, c'est l'actif même de la Société qui nous les fournit, et nous avons déterminé que nous ne pourrions pas dépasser 50 0/0 de l'actif de la Société pour ces prêts d'argent.

Tout à l'heure, un de nos camarades disait qu'il était nécessaire que le Magasin de Gros organise deux services bien distincts entre sa partie commerciale et sa partie financière.

Depuis le premier juin, le service de banque a un compartiment tout à fait séparé, et les services commerciaux sont complètement indépendants des services financiers.

Chaque service a un compte courant créé pour ses besoins au même titre qu'une simple Société faisant une demande de fonds dans les conditions que j'ai signalées tout à l'heure.

Par conséquent, le service de banque est largement suffisant pour donner satisfaction aux Sociétés dans l'esprit que je viens d'indiquer. (*Applaudissements.*)

Le Président. — Je crois, étant donnée l'heure avancée, qu'il est nécessaire de conclure le débat le plus rapidement possible.

Il me semble que nous pourrions, pour éviter que la discussion continue, faire de la motion de Poitrenaud le point de départ d'un ordre du jour du Comité confédéral de l'an prochain. La voici:

« Il faut engager les Coopératives à réduire la distribution des trop-perçus de manière à affecter une plus grosse partie des bénéfices au fonds de développement donnant ainsi, petit à petit, d'année en année, une plus forte puissance d'achat, une possibilité plus souple, de passer des marchés à de meilleures conditions, ce qui se traduira en fait, pour le consommateur coopérateur, par un bénéfice bien supérieur sur ses achats journaliers. »

Il aura à examiner la question des fonds de développement et des ristournes, à décider quelles sont les précautions qu'il est utile de prendre, et à voir si les considérations développées ici pourront être prises en considération.

Je mets cette proposition aux voix.

(La proposition est adoptée à l'unanimité.)

Je fais voter maintenant sur le fond même de la proposition.

(La proposition elle-même est adoptée à l'unanimité.)

Résolution sur les Unions d'achat

Le Président. — La parole est à Garbado.

Garbado. — Les deux camarades désignés tout à l'heure pour essayer de présenter un texte qui donne satisfaction, d'une part, au désir du camarade Ribeyrol qui avait présenté une addition et au désir des camarades qui avaient fait la résolution, se sont mis d'accord sur le texte suivant:

« Le rôle des Fédérations régionales au point de vue commercial a été réglé par l'article 7 des statuts de la Fédération nationale, ainsi conçu:

« Les Sociétés coopératives devant concentrer leur puissance d'achat et organiser leur force de production, ce rôle incombe essentiellement au M. D. G.

« Toutes les Fédérations régionales pourront, là où le Magasin de Gros n'a pas d'entrepôts régionaux, créer des liens d'achats en commun: ces organismes devront, en tout cas, demander préalablement, avant de traiter leurs marchés et faire des achats, les conditions au M. D. G., qui aura la préférence à conditions de prix et de quantités égales. Ils pourront encore traiter ou produire des objets auxquels le M. D. G. ne peut encore s'intéresser; néanmoins ils ne pourront écouler leurs marchandises sans l'assentiment du M. D. G. en dehors de leurs limites territoriales.

« Le Comité mixte devra, d'accord avec eux, fixer les conditions de reprise éventuelle de leurs entreprises de vente et de production par le M. D. G.

« Mais, devant les difficultés de ravitaillement par le Magasin de Gros pendant la guerre, les événements ont conduit non seulement les Fédérations régionales à entreprendre des achats en commun, mais aussi les Sociétés d'une localité, d'un département, même d'une région économique déterminée, à créer des unions à caractère dé-

terminé ayant pour but, soit uniquement le ravitaillement des Sociétés adhérentes, soit séparément, ou en même temps, le développement du mouvement coopératif par la constitution de succursales. Ces organismes ne sont incontestablement que provisoires;
d'autres se transformeront d'accord avec le Magasin de Gros, qui se
substituera à eux.

« Quant à ceux qui désireraient continuer leur vie propre, leur
situation par rapport au M. D. G. et à la F. N. C. C. sera examinée
de nouveau et réglée par un Congrès après la guerre; les circonstances actuelles n'existant plus et des circonstances nouvelles s'é-
tant produites, comme la création de régions économiques, la constitution de nouveaux dépôts et entrepôts régionaux du M. D. G.

« Il importe cependant de fixer le rôle de ces organismes pour savoir à quelles conditions ils peuvent se constituer et quels devront être leurs rapports avec les organismes centraux: M. D. G.
et F. N. C. C.

« Tout d'abord, il faut que ces organismes ne se constituent pas en
concurrence les uns avec les autres, et, à cet effet, leur création
doit être subordonnée à l'avis des Fédérations régionales. Quand
celles-ci jouent elles-mêmes un rôle commercial, elles doivent en
référer aux organismes centraux.

« Il est, du reste, bien préférable (pour conserver leur rôle qui
doit être purement moral) qu'elles s'adjoignent des organismes
commerciaux non obligatoires pour toutes les Sociétés adhérentes.

« Il est désirable que les Unions et Fédérations régionales à rôle
commercial ne soient pas seulement des Sociétés ayant pour but les
achats en commun, mais en même temps des Sociétés de développement admettant dans leur sein des adhérents individuels et
capables, à un moment donné, d'être des Sociétés de fusion.

« Enfin, les Unions ne doivent admettre comme adhérentes que des
Sociétés affiliées à la Fédération nationale. Elles doivent prévoir
qu'un représentant du Conseil unique de la F. N. C. C. et du M. D. G.
sera membre du Conseil d'administration de ces Unions, au moins à
titre consultatif.

« Les Unions locales ou régionales pourront éventuellement servir
d'organismes de liaison entre les organismes centraux, les Fédérations régionales et les Sociétés, particulièrement pour le recouvrement des cotisations de leurs Sociétés adhérentes.

« Les Unions doivent elles-mêmes être adhérentes à la Fédération
nationale et sociétaires du Magasin de Gros.

« De plus, le Congrès déclare:

« 1° Que dans les régions où les Sociétés seront peu nombreuses ou
non préparées à l'organisation fédérale, il y aurait lieu de s'en tenir
à un bureau d'achats qui pourrait traiter au nom des Sociétés mais
sans responsabilité pour lui et sans responsabilité pour les Sociétés
entre elles, chacune n'étant responsable que devant les vendeurs;

« 2° Que dans les régions où les Coopératives pourraient réunir
une force d'achat importante et où l'esprit coopératif serait suffisamment développé; où, enfin, on serait certain de la discipline commerciale de toutes les Sociétés, le groupement pourrait, avec quelques avantages, devenir une Société commerciale, traitant sous sa
seule responsabilité les achats nécessaires aux Sociétés groupées;
en évitant, dans la mesure du possible, l'installation d'entrepôts
coûteux;

« 3° Que, dans les régions où le groupement d'achats sera une Société de fusion, il y aura lieu d'organiser un entrepôt;

« 4° Que les groupements, qu'ils soient ou non des Sociétés de fusion, devront s'organiser en collaboration avec le M. D. G. ou, en tous cas, d'accord avec les organismes centraux;

« 5° Qu'au cas où elles préféreraient gérer seules leur entrepôt, elles auraient le devoir absolu de ne rien négliger pour développer leur chiffre d'affaires avec l'organisme central, et respecter le paragraphe de la résolution qui prévoit la présence d'un représentant du Conseil unique du Conseil d'administration.

« Comme conséquence, le Congrès déclare:

« Que les Unions fédérales ou locales, organisées en groupements d'achats en commun, ne devront jamais oublier que, si elles sont des organismes autonomes au point de vue de leur région; si elles ont aussi une vie propre, se développant sans nulle contrainte dans le cadre qui est le leur, elles ne sont, au point de vue national, que les cellules d'un autre milieu groupant toutes les forces coopératives françaises. Il leur appartient donc, en même temps qu'elles organisent leur milieu, de participer avec la même bonne volonté, avec la même clairvoyance au développement de l'organisme national, le M. D. G.

« Elles devront donc faire tous leurs efforts pour que les relations commerciales soient les plus importantes possibles avec le M. D. G., en le tenant au courant, en temps utile, des besoins du groupement; s'engageant, en outre, à confier au M. D. G. leur force d'achats entière pour les articles qui seront désignés chaque année par l'Assemblée générale du M. D. G. ou du Congrès de la F. N. C. C., et enfin, en ce qui concerne les produits fabriqués dans les usines du M. D. G., les Unions d'achat s'engagent à ne s'en fournir dans le commerce que tout autant que le M. D. G. ne serait pas en mesure d'en livrer suffisamment. »

LE PRÉSIDENT. — Je mets la résolution ainsi modifiée aux voix.
(La proposition est adoptée à l'unanimité.)

LE PRÉSIDENT. — Je donne la parole à Cleuet pour une communication.

CLEUET. — Cette communication expliquera à quelques-uns de nos camarades mon absence involontaire.

Au cours de la discussion, quand j'exposais devant vous les difficultés du Magasin de Gros, je ne m'attendais pas à être aujourd'hui même, pendant le cours de vos travaux, dans l'obligation de vous demander votre concours pour nous aider à résoudre une de ces difficultés.

Vous savez, je vous l'ai dit hier, que j'attachais une importance considérable au changement du siège social, car cela permettra aux administrateurs et au directeur du Magasin de Gros de travailler d'une façon plus efficace, plus rationnelle et plus méthodique, et en même temps, donnera à notre personnel une aisance qu'il n'a pas à l'heure actuelle.

Nous avions donc en vue de transférer ce siège social, et nous avions passé un bail, il y a quelques jours, avec le propriétaire d'un immeuble situé boulevard Bourdon, local actuellement occupé par l'armée américaine, qui devait le mettre à notre disposition le 1er octobre, c'est-à-dire dans quelques jours.

Il y avait un certain nombre de travaux d'appropriation à faire, mais nous espérions, et nous espérons encore malgré tout, entrer d'ici peu dans ces locaux qui nous permettront de travailler dans de meilleures conditions.

Actuellement, les Américains ont installé là un petit service postal qui occupe un certain nombre d'employés, mais qui pourrait sans aucune gêne, s'installer facilement ailleurs. Ni le matériel, ni les bureaux ne nous ont semblé très importants; nous n'avons pas vu en tout cas qu'un déménagement apporterait une grande perturbation dans le fonctionnement normal de ce service.

Enfin, ce qui est certain, c'est que l'armée américaine avait décidé de déménager puisqu'elle avait donné congé au propriétaire pour le 1er octobre.

Or, nous avons appris ce matin que, revenant sur sa décision, l'armée américaine demandait à s'entendre à l'amiable avec nous, et que si nous nous refusions à un arrangement, soit en acceptant une indemnité, soit par tout autre moyen, elle ferait opérer la réquisition de l'immeuble à son profit.

Devant ces faits, je me suis rendu immédiatement à la présidence du Conseil où j'ai essayé de voir M. Jeanneney, sous-secrétaire d'État. J'ai rencontré le contrôleur général qui a organisé tout dernièrement une conférence sur la vie chère.

Profitant de cette occasion, j'ai dit que je demandais à saisir de la question, non pas seulement le Ministre du Ravitaillement, mais encore le gouvernement, parce qu'une telle mesure était de nature à diminuer considérablement pour le moment le fonctionnement de notre organisation, mais à empêcher pour la suite la croissance de son développement.

J'ai immédiatement résumé en une note détaillée les desiderata du Magasin de Gros, mais je pense qu'un ordre du jour voté par le Congrès réuni aujourd'hui — c'est une chance pour nous — serait de nature à faire réfléchir le Gouvernement et à motiver son intervention auprès de l'armée américaine pour empêcher cette réquisition.

Je vous propose donc le vote de l'ordre du jour suivant :

« Le Congrès national des Coopératives de consommation apprenant que le M. D. G. qui comptait installer prochainement son siège social dans des locaux plus appropriés et absolument indispensables pour réaliser son programme de ravitaillement général et de lutte contre la vie chère, était menacé d'une réquisition des dits locaux dont il devait prendre possession le 1er octobre, demande énergiquement l'intervention du gouvernement auprès des autorités militaires américaines.

Cette mesure, en effet, apporterait une perturbation dans le fonctionnement actuel des services du M. D. G. et réduirait sa puissance de ravitaillement en même temps que celui de l'Union des Coopératives de Paris qui est intéressée étroitement au changement projeté. »

LE PRÉSIDENT. — Je mets cette motion aux voix.

Il n'y a pas d'avis contraire?

(La motion est adoptée à l'unanimité.)

LE PRÉSIDENT. — En terminant les travaux du Congrès, je crois de mon devoir de remercier *La Bellevilloise*, qui nous a prêté la large hospitalité de son local, et, en même temps, de nous féliciter des travaux très utiles qui ont été accomplis et qui marqueront certainement, pour le développement du mouvement coopératif, le moment où la Coopération française s'identifie de plus en plus avec le ravitaillement national lui-même.

(La séance est levée à 6 heures 15.)

L'ÉMANCIPATRICE, 8, RUE DE PONDICHÉRY, PARIS (XV.) — 18720-12-18